NUESTRA OPORTUNIDAD

UN MÉXICO PARA TODOS

NUESTRA OPORTUNIDAD

UN MÉXICO PARA TODOS

JOSEFINA VÁZQUEZ MOTA

Nuestra oportunidad. Un México para todos.
© 2011, Josefina Vázquez Mota

De esta edición:
D. R. © Santillana Ediciones Generales, S.A. de C.V., 2011.
Av. Río Mixcoac 274, Col. Acacias
México, D.F., 03240

Primera edición: noviembre de 2011
ISBN: 978-607-11-1451-8
Fotografías de interiores: Archivo personal de Josefina Vázquez Mota.

Diseño de cubierta: Joel Dehesa

Impreso en México

ÍNDICE

INTRODUCCIÓN

Éste es un libro nacido de la importancia del diálogo y del intercambio de las ideas, una obra que reconoce el valor de la experiencia de líderes que trabajaron en la transformación de sus sociedades, que enfrentaron graves disyuntivas y que lograron dar cauce a sus países. Aquí se reúnen las voces y aprendizajes de diversas latitudes.

Realicé las entrevistas de este libro convencida de que los problemas de México tienen solución, y de que las soluciones están enteramente a nuestro alcance. Estoy segura de que en nuestra nación hay lugar para todos los mexicanos, sin distingo, y de que podemos y debemos ser parte del país exitoso en que nos convertiremos. Porque México tiene soluciones.

Agradezco la generosidad e inteligencia de César Alierta, José María Aznar, Michelle Bachelet, Marcel Biato, Emilio Butragueño, Laura Chinchilla, Jeffrey Davidow, César Gaviria, Felipe González, Rebeca Grynspan, Enrique Iglesias, Ricardo Lagos, Francisco Luzón, Rosario Marín, Carlos Mesa, Luis Alberto Moreno, Andrés Oppenheimer, Rodrigo Rato, Condoleezza Rice, Julio María Sanguinetti, Álvaro Uribe, y Joaquín Villalobos, personalidades con quienes tuve la oportunidad de dialogar con amabilidad, franqueza y apertura.

Cuatro fueron los motivos que me llevaron a conversar con estos líderes internacionales. Primero, la convicción profunda de que México tiene un futuro brillante y de que este futuro no llegará por sí solo. Existen obstáculos que frenan nuestro progreso y, para removerlos, es indispensable que aprovechemos todo nuestro potencial.

En segundo lugar, me parece que ya es obligatorio e inaplazable alcanzar acuerdos para conformar una agenda de modernidad y cambio que nos saque de la mera coyuntura, que nos permita aprovechar el talento, el esfuerzo y los sueños de millones de mexicanos, haciendo posible un destino mejor, un destino de libertades plenas. Tenemos que volver a entendernos porque sólo así venceremos las adversidades y podremos construir un país próspero en que se hagan realidad nuestras esperanzas. No hay un solo camino hacia el futuro. Los mexicanos debemos diseñar las rutas y para ello necesitamos desarrollar una agenda común. La clave es sumar, articular el mejor talento, las mejores ideas, las mayores capacidades y las habilidades más finas para llevar a cabo esa agenda. Ya no es tiempo de actuar en solitario. Necesitamos un verdadero frente común y para eso requerimos a todos los mexicanos.

En tercer lugar, me motiva la convicción de que el diálogo y la escucha atenta a las ideas de otros nos permiten compartir la riqueza colectiva, en un ejercicio siempre indispensable de humildad y aprendizaje. Así, lograremos obtener lecciones genuinas y no recetas que ignoren nuestra historia, nuestra realidad y nuestros propios desafíos.

El cuarto motivo que me ha impulsado es compartir estas voces con los jóvenes, con aquellos que han optado por la confianza y la certeza de un mejor futuro. Busco que las ideas y causas de los personajes que aparecen en esta obra lleguen hasta aquellos que, por diversas razones, están hoy del lado de la desesperanza.

Creo firmemente que la apuesta más importante consiste en que las libertades se conviertan en sustento del progreso. En épocas especialmente marcadas por expectativas electorales y por un intenso debate político, y ante la urgencia de fortalecer la vida institucional —y con ello al Estado mexicano—, mi propósito es contribuir a un debate de mayor riqueza con estas reflexiones, propuestas, cuestionamientos y experiencias compartidas.

Octavio Paz afirmó que todas las grandes cosas de los hombres han sido hijas del diálogo. De esa frase nació mi convicción, mi compromiso de avanzar siempre en la construcción de los acuerdos que permitan a México crecer con justicia, crecer de manera sostenida, crecer con mayores oportunidades para que nuestro país cuente con la riqueza que amplíe y fortalezca la cohesión social y el bienestar de las personas.

La frase de Paz me ha acompañado desde la primera vez que la escuché en la clase de mi maestro Miguel Manzur, hace ya un par de décadas. Esa misma clase me regaló la causa más importante de mi vida: la conquista y defensa de la libertad. Este maestro de figura contrahecha, mente brillante y sabiduría sin límites forjó mi convicción profunda de que la libertad es el don más preciado de la vida, y de que cualquier amenaza para restringirla es siempre una amenaza mayor.

Con el tiempo entendí que el ejercicio de la libertad termina donde empieza la pobreza y la ignorancia. Así, la libertad es restringida cuando las oportunidades son escasas, se reduce significativamente cuando se deja de construir y de eliminar obstáculos y se cancela frente a las prebendas y privilegios de unos cuantos.

No tengo duda de que, si para algo sirve defender y fortalecer las libertades, es para llegar a ser iguales ante la ley y para tener las mismas oportunidades.

Hoy es evidente que, para construir y consolidar libertades, es fundamental el diálogo. Gracias a él podemos establecer las prioridades sustantivas de México. El diálogo pone a prueba nuestras ideas y genera un mejor ánimo entre los ciudadanos, con lo que aumentan la confianza, las oportunidades de bienestar y el optimismo respecto de un mejor futuro.

¿Dialogar para qué? ¿Construir acuerdos para qué? Para hacer posibles las múltiples respuestas que millones de mexicanos exigen, para mejorar sus condiciones de vida y ofrecer más oportunidades, para fortalecer la vida institucional, para que la impunidad y la corrupción no sean constantes y aplasten la dignidad de los ciudadanos. Debemos dialogar y construir acuerdos para hacer posible la igualdad de oportunidades y la equidad ante la ley, para abrir los candados cuyas llaves salvaguardan actores y sectores que se resisten a dejar atrás sus privilegios aferrándose al pasado, en contraste con los millones de mexicanos que diariamente luchan y trabajan para obtener mejores condiciones de vida.

En las muchas conversaciones sostenidas con Enrique Iglesias a lo largo de los años, estos conceptos surgían de manera natural como fundamentos para el impulso de políticas públicas. Siendo él especialista en temas de la agenda del crecimiento y desarrollo, su experiencia permitía que las discusiones enriquecieran la puesta en marcha de estrategias e iniciativas para combatir la pobreza y la marginación.

Decidí aprovechar la invaluable oportunidad de dialogar con líderes que han contribuido a transformar las circunstancias de sus comunidades y de sus países, con hombres y mujeres que son protagonistas de la historia reciente y cuyas decisiones han trastocado la vida de miles, y hasta millones, de seres humanos.

Todos ellos aceptaron con generosidad. A partir de agosto de 2010, inicié los encuentros con esas mujeres y hombres de nuestro tiempo que han contribuido con sus vidas, trabajo y misión, a ampliar los márgenes de libertad de millones de seres humanos. Sus trayectorias, ideologías e historias son distintas y, no obstante, coinciden en temas fundamentales. Quieren y respetan a nuestro país, por lo que aceptaron hablar conmigo sobre México con absoluta generosidad, disposición y desprendimiento. Se trata de líderes internacionales, por lo que estoy segura de que sus voces y perspectivas respetuosas, profundas y sin complacencias, pueden ayudarnos a mirar a México desde una óptica distinta.

Tras dialogar con las voces que entretejen este libro, quedo más convencida de que, para impulsar la gran transformación de México, es preciso reconocer que no hay fórmulas mágicas para acceder a la prosperidad sin un esfuerzo sostenido.

No podemos permitirnos perder el sentido de urgencia para transformar a México. No podemos permanecer instalados en la comodidad o en nuestras carencias e insatisfacciones. Es el momento de imaginar un México diferente, de sopesar las posibilidades reales del país y, lo más importante, de trabajar para hacerlas realidad.

Cada una de las entrevistas con estos líderes mundiales, inicia con una breve descripción del encuentro específico y del tipo de relación que sostuve para llegar a estos diálogos. Se destacan algunas ideas que, me parece, delinean claramente las principales propuestas de cada conversación. Previo a la descripción, agrego algunos elementos de sus trayectorias personales para invitar a los lectores a conocerlos más aún.

He procurado que la versión escrita de estas conversaciones muestre la opinión y perspectiva de los líderes con toda claridad. Para ello, se han realizado ajustes editoriales menores que buscan facilitar la lectura al eliminar las repeticiones, coloquialismos y demás características del discurso oral que pueden afectar al texto.

Este libro inicia con un ensayo sobre el México futuro que podemos construir. En dicho apartado se busca, como me sugirió Enrique Iglesias, "mostrar un poco el 'México posible', en lo económico, en lo social, en lo internacional, como una meta para la gente joven".

UN MÉXICO PARA TODOS

Los líderes mundiales que han participado en estos diálogos señalan que México es una nación que cuenta en el mundo de hoy.

Felipe González enfatiza: "En mis estudios [...] con el análisis de un grupo de expertos [...], me sale México como uno de los nueve países que serán responsables del crecimiento de 70 por ciento de la economía mundial en los próximos 15 años. Yo tengo a México en la lista, pero no por capricho ni por afecto, sino porque así resulta en los estudios que hemos hecho". Ricardo Lagos insiste de manera similar en que "México va a ser uno de los cinco países emergentes de aquí a 2030 o 2050, una de esas grandes economías, si hacemos las cosas bien". Enrique Iglesias destaca la "fuerza propia en su dimensión demográfica y como nación", mientras que Carlos Mesa subraya que somos "una de las naciones más emblemáticas de América Latina y del mundo". Colocan a nuestro país en un lugar protagónico a nivel global, pero no lo hacen en función de una realidad concreta y actual, sino tomando en cuenta potencialidades que aún no se actualizan. Señalan que México es una nación que puede y debería contar más en el mundo de hoy. Y en esta propuesta se contempla un mayor crecimiento económico, mayor bienestar para las familias y más oportunidades de cumplir los anhelos de cada mexicano. Porque una mayor presencia en el mundo significa a la vez una mayor fortaleza interna en muy diversos y fundamentales ámbitos.

Encuentro también una dura coincidencia en el sentido de que México no ha logrado alcanzar este avance porque está atado al pasado y a su historia, porque no deja de mirar atrás, porque tiene demasiados candados, porque no está viendo hacia dónde va el mundo, porque, como dice Felipe González, México no puede obsesionarse "con mirar sólo su ombligo".

Gaviria destaca un proceso de avance que ha quedado incumplido: "El proceso de transición de la democracia en México es uno de los más exitosos del mundo (sin violencia, limpio, con legitimidad). Sin embargo, creo que México no ha podido encontrar un camino de gobernabilidad. Cuando digo 'gobernabilidad' pienso en poder hacer las transformaciones que el país necesita, sin importar quién sea presidente".

Quizá sea Francisco Luzón quien expone la problemática con mayor contundencia:

> México, en comparación, no acaba de producir con la velocidad necesaria todos los cambios que precisamente este conjunto de países emergentes está realizando […] Uno tiene la impresión de que las capacidades están ahí, tanto humanas como físicas, pero el país, por unas razones o por otras, no crece a la velocidad que lo está haciendo todo ese otro conjunto […] Habría que producir cambios, reformas estructurales profundas que permitiesen que México recuperase verdaderamente el ritmo de crecimiento y que lo haga con una visión diversificada.

Y esta ausencia en el mundo tiene efectos no sólo respecto de las oportunidades de nuestra gente, sino también en relación con las oportunidades de otras sociedades, que ven a nuestro país como un factor protagónico regional. Así lo afirma Joaquín Villalobos: "México no ha empezado a verse como una potencia emergente, como una gran fuerza cultural, como una gran fuerza económica. Esa actitud de baja autoestima incide en que no pueda avanzar y deje abandonados a sus hermanos pequeños del Caribe, siendo que México tiene una gran responsabilidad en la región y en su estabilidad".

Gran parte de los diálogos que presento en este libro han girado alrededor de cómo hacer cumplir este potencial del país, y utilizo la palabra "cumplir" porque, precisamente, se está posponiendo el cumplimiento de dar las respuestas, las soluciones que millones de mexicanos esperan para un mejor presente y un mejor futuro.

Enrique Iglesias indica que un buen arranque consistiría en establecer un proyecto de país acordado entre los mexicanos: "Le haría muy bien a la imagen de México obtener un plan mínimo de metas […] Lo primero que, a mí parecer, uno debiera decidir en una estrategia de mediano y largo plazo, es pensar a dónde va el mundo y qué posición tiene México". Al abordar algunas de las experiencias de otros países, se insiste en lo fundamental que fue establecer prioridades para la construcción de agendas compartidas, logrando así cambios en pos de la modernidad. Felipe González lo explica de la siguiente forma a partir de su experiencia en la España de la transición:

> Mi llegada al gobierno se da en un momento crucial para la vida de España y de Europa. Existía una expectativa, una gran esperanza en un enorme sector de la población, aunque también había miedo y en algunos sectores "terror" por mi arribo al gobierno. Entonces decidí cuatro prioridades básicas e inevitables. La prioridad número uno era el fortalecimiento de la democracia […] Una segunda prioridad era la modernización del aparato económico y productivo de España […] La tercera prioridad era abrir España al mundo […] La cuarta prioridad, era la descentralización del Estado.

Sobre ese "mapa" centró su esfuerzo y habilidades para la construcción de los acuerdos políticos.

José María Aznar puntualiza que estos elementos fundamentales de acuerdo deben ser protegidos con una visión de largo plazo: "Definir los pilares del éxito de la sociedad y mantener los consensos básicos en torno a ellos, es una manera muy importante de mantener viva a la sociedad".

En este libro hay valiosas claves para la arquitectura de esa agenda de prioridades. No siempre hay coincidencias absolutas en los temas específicos, pero son muchas más las concurrencias que las discrepancias planteadas por estos y otros líderes.

En el entorno de una creciente y cada vez más compleja globalización de las relaciones económicas, México tiene un papel económico regional que debe potenciar y ampliar. En relación con este tema, debemos procurar que el Pacífico nos sirva de puente, un puente que aproveche la ventaja relativa de nuestra vecindad con Estados Unidos de América y Canadá, y que cumpla con hacer valer la posición de puerta hacia Latinoamérica, como dice César Gaviria, porque "tiene que pensar que los países de Centro y Sudamérica se están volviendo un gran mercado, una economía dinámica. A México le conviene aproximarse".

Debemos considerar esta potencia económica que está cimentándose en América Latina. Francisco Luzón es muy preciso:

Pertenecer a un espacio regional es importante. México tiene grandes ventajas: un ancla en el norte y un espacio de desarrollo en el sur. Brasil no podrá ser una potencia mundial sola, pues necesita a América Latina […] Los espacios regionales son determinantes […] El lugar de desarrollo natural de México es el norte y el sur. No obstante lo anterior, veo mucha focalización en el norte y poca en el sur […] Creo sinceramente que México tiene que mirar hacia la región Asia-Pacífico. México tiene relaciones con el norte, pero del norte y de Europa no va a venir el crecimiento durante los próximos diez años. El crecimiento vendrá del sur, del sur de América y del sur de la zona Asia-Pacífico.

Para muchos líderes, este panorama tiene la marca de una relación compleja con Estados Unidos. Enrique Iglesias expone este escenario:

Ustedes tienen un activo importante en Estados Unidos […] Quisiera que sucediera eso mismo pero desde la perspectiva asiática. Yo no creo que estén explotando el mercado asiático en todo su potencial [...] Para la nación mexicana, el tema es cómo conciliar la vecindad con esa gran potencia que Dios les dio al lado, con un concepto moderno de la soberanía. Ustedes lo tienen que hacer. Si no, la opción la va a determinar Estados Unidos. Se las van a imponer desde afuera.

Felipe González también aborda esta relación subrayando el peso de las difíciles relaciones:

Si los intereses del norte no se vivieran en México como una contradicción dramática, sino como una ventaja comparativa extraordinaria, estaríamos mucho más desahogados. México lo vive como una carga, como una contradicción. Yo lo viviría como una ventaja [...] Compartir un espacio con Estados Unidos y con Canadá no puede dejar de ser una ventaja relativa, y una identidad cultural distinta también puede representar una ventaja relativa.

La relación económica con el norte implica para Condoleezza Rice establecer mecanismos de trabajo conjunto basado en claridad de propósitos: "Compartimos el mismo continente y una frontera muy larga y compleja, por lo que nuestra cooperación tiene que ser muy práctica; no teórica ni filosófica, sino práctica para dar con la solución de los problemas hoy". Ella elabora una síntesis de los horizontes económicos de la cooperación económica de México, Canadá y Estados Unidos en una economía internacional con múltiples vínculos, para así explotar todas las oportunidades: "No es que debamos competir contra los tigres asiáticos, sino que deberíamos estar haciendo tratados de libre comercio con ellos para que el 'pastel económico' se hiciera más grande".

En este libro se analizan las reformas necesarias para lograr una participación exitosa en el mundo —un mundo cada vez más interconectado, con economías que avanzan a gran velocidad y que están cambiando profundamente las relaciones que prevalecieron durante la segunda mitad del siglo pasado—, reformas que, en el contexto internacional, se vislumbran con urgencia para los países que desean obtener oportunidades más amplias para sus ciudadanos.

Un tema clave es el de la recaudación fiscal. La inversión del gobierno es clave para tener condiciones para el crecimiento económico y para la consolidación de la infraestructura, pero también es fundamental porque permite impulsar la justicia social. Julio María Sanguinetti lo expresa así: "México tiene todavía mucho déficit en lo fiscal y una recaudación muy baja, y con un baja recaudación fiscal no puede haber desarrollo social fuerte. Eso es axiomático. Es decir, estas cosas ya no debieran ser elementos de debate".

La exigencia de finanzas públicas fuertes y de que éste ya no sea un tema de debate político se comparte ampliamente. Rodrigo Rato resume el punto usando como ejemplo la situación económica internacional que se produjo en 2008: "¿Qué lecciones nos dejan las crisis económicas y financieras que estamos enfrentando hoy? Que los excesos de endeudamiento se pagan siempre". Con su profunda comprensión de las relaciones económicas mundiales, Rato nos ayuda a delinear algunos criterios clave que deben ser considerados en las reformas para lograr una mayor viabilidad y seguridad de nuestra economía frente a los riesgos del exterior, mismos que tienen impacto más allá de los países en que se originan:

> Tendrán que continuar con las reformas fiscales que acaben con una parte de la economía sumergida, que incorporen una mayor contribución de la economía del país a los fondos públicos y que permitan tener políticas de integración social, políticas de mantenimiento de la renta que den mayor estabilidad a la economía mexicana. En los próximos años, esas reformas serán imprescindibles.

En el tema de los recursos públicos de México, no puede dejarse de lado la fuente de ingresos que, por décadas, se utilizó para contar con recursos a costa de no llevar a cabo reformas sustantivas en el régimen hacendario. Me refiero al petróleo. Cesar Gaviria señala el problema y enfatiza las consecuencias para México: "Y también falta tributación. No pueden seguir viviendo del petróleo. Es una industria que debe crecer a su ritmo, a su velocidad. Tienen que aprender a tributar".

Sanguinetti va más allá en relación con los riesgos de la dependencia de los ingresos petroleros. Se refiere a su vez a la "idiosincrasia" que nuestro país debe superar de una vez por todas:

> Lo importante es que nos saquemos de la cabeza esos "chivos expiatorios", esos atajos que nos van a conducir milagrosamente a la prosperidad. Esa idea de que sin el esfuerzo sostenido se pueden alcanzar logros importantes, le ha hecho mucho daño a la psicología de los países con petróleo. El petróleo es tan poderoso, brinda tanta riqueza y da tan poco trabajo, que termina por inculcar a la sociedad la idea de que se puede ser rico sin esfuerzo.

Los efectos de la dependencia por ingresos petroleros se agravan, pues la riqueza petrolera en nuestro país ha venido decayendo en los últimos años. A futuro, el reto consistirá en que el petróleo tendrá que extraerse de yacimientos cuya complejidad de explotación y operación supera por mucho a la que se ha presentado hasta ahora. Se requerirán inversiones muy elevadas. Esto implica superar ese falso debate sobre la naturaleza de los recursos y proceder efectivamente a transformarlos en una riqueza real y tangible para todos los mexicanos. Carlos Mesa, que conoce muy bien la dureza de las batallas para modernizar la agenda energética en nuestra región latinoamericana, ha subrayado que "el país requiere hacerse una pregunta de fondo sobre su propia matriz productiva y replantear si el petróleo se convierte en un lastre o en una opción positiva".

Marcel Biato conoce muy bien la experiencia de Petrobras en su país, misma que en todas partes se reconoce como una historia de transformación exitosa de una empresa petrolera del Estado. Él comenta que en Brasil se apostó por trabajar yacimientos a gran profundidad, por transformar el petróleo con tecnología, y garantizar que una parte importante de los recursos obtenidos se destinen a salud, educación y más tecnología. En ese caso, las reformas no significaron que la empresa estatal abandonara su rol estratégico, sino que permitieron establecer un entorno económico y legal propicio, con los incentivos y mecanismos necesarios para la modernización, la eficiencia operativa y para competir eficientemente:

> Significa no pensar simplemente que el petróleo es nuestro, como se hizo en Brasil desde los años cincuenta. No basta con decir "es nuestro"; hay que transformar un recurso natural en algo mucho más importante: apalancar el potencial mediante revoluciones tecnológicas [...] El mercado y el Estado tienen que trabajar juntos, y no dejarse dominar por una visión simplista o unilateral de que sólo el mercado o sólo el Estado representan la solución.

Hasta ahora, en nuestro país no se han logrado los acuerdos para impulsar los cambios que permitan asociaciones estratégicas y nuevos esquemas de inversión para explotar yacimientos de alta complejidad y alto riesgo. El petróleo es patrimonio de los mexicanos y debemos cuidarlo aprovechándolo de la mejor manera. No obstante, si no hacemos cambios importantes seguiremos comprometiendo esa riqueza actual y potencial. Es fundamental superar los falsos debates, que César Gaviria resume así: "Algunas cosas son impopulares; la más obvia de todas es lo que les ha pasado con la energía. El único país del mundo que le mete ideología a la energía es México".

Las consecuencias de no haber logrado construir los acuerdos urgentes para las reformas en el sector energético, implican que tengamos "una bolsa de crecimiento parada", según palabras del experto en el sistema financiero mundial, Rodrigo Rato.

Es claro que la "mano invisible" del mercado es insuficiente, sobre todo para enfrentar las grandes brechas sociales que prevalecen. Pero también el Estado debe insistir en una agenda fundamental para desechar viejas costumbres y reglas que hoy nos limitan, perpetuando privilegios y prebendas en lugar de implementar nuevas reglas que fortalezcan a los ciudadanos. Y es que son ellos, los ciudadanos, quienes deben tomar las decisiones de fondo que requiere México. En este sentido, Enrique Iglesias explica: "Hay que redefinir la relación Estado-mercado en México sin prejuicios ni valoraciones históricas del problema, que siempre nos confunden [...]

Requerimos una presencia inteligente del Estado, porque un tema importante en que debe avanzar México es la desmonopolización, que representa una de las grandes trabas para el país".

El tema de las prácticas monopólicas se presenta en diversos ámbitos. En el plano económico, Rodrigo Rato expresa con claridad sus efectos negativos en la economía: "Tienen que cuidar que la competencia funcione, que no haya monopolios, porque de no hacerlo el consumidor seguirá pagando precios muy altos. Los monopolios tienen dos defectos: el consumidor paga demasiado, y los que podrían entrar a hacer que las cosas fueran mejor, no pueden. Eso causa que los monopolios, a mediano plazo, sean muy caros y muy malos para la economía a mediano plazo".

Superar estos poderes monopólicos que inciden en la vida social parece impostergable para una apuesta de modernidad. César Gaviria indica que está en peligro el futuro del país: "Se van generando monopolios públicos, monopolios privados, monopolios sindicales; y eso es un problema muy serio. En otros países se ha logrado avanzar más. México necesita más competencia en muchos sectores […] En México hay mucho poder monopólico que no se ha podido romper y es necesario hacerlo".

Francisco Luzón no tiene duda alguna al afirmar que México requiere modernizar muchas instituciones, tanto del mundo empresarial como del sindical. Según sus propias palabras, "hay un montón de candados que están ahí, que exigen, digamos, un esfuerzo colectivo" para ser abiertos. Y es que para participar en el nuevo entorno internacional, se necesita mejorar la productividad de los trabajadores y de las empresas que, a fin de cuentas, son la única fuente de creación de valor.

> Para eso necesitamos mejorar el ambiente empresarial, la regulación laboral, las relaciones entre empresas y sindicatos. Todo eso lo tenemos que mejorar enormemente. Yo creo que debemos modernizar el sistema sindical […] O avanzamos significativamente en la productividad […] o estamos destinados a que nuestros mercados sean asumidos por otros y nuestro propio mercado nacional sea inundado por productos alemanes, franceses o chinos.

La condición de instituciones más fuertes la destaca también César Alierta, quien argumenta que en México la seguridad jurídica ha mejorado muchísimo, pero que aún se necesitan reglas claras que favorezcan las inversiones y la competencia ofreciendo certezas a los inversionistas, pues se "ha dado un salto muy importante, pero yo esperaba un poco más".

Así, impulsar la competencia y la competitividad es una de las prioridades más urgentes y sustanciales de los liderazgos mundiales. En las conversaciones de este libro, se recuperan diferentes factores que deben combinarse para lograrlo. Entre otros, se mencionan las garantías jurídicas, el fortalecimiento de una educación de calidad, la ampliación de un mercado interno, la flexibilización del mercado laboral, la innovación estructural del sector energético, la ampliación del acceso al crédito y el respaldo a la iniciativa empresarial, lo que implica simplificar seriamente los requisitos para fundar empresas y concentrar los esfuerzos gubernamentales en la creación de un entorno que las favorezca con más y mejor infraestructura, tanto pública como privada.

Uno de los problemas más importantes para las empresas es precisamente el acceso al crédito. El origen del problema tiene que ver con un sistema financiero que sigue siendo muy pequeño: el total del crédito bancario en México, como porcentaje del PIB, es significativamente inferior al de países como Brasil, que tiene el doble de nuestro porcentaje, o Chile, con el triple.

No existe país desarrollado sin un sistema financiero fuerte, de manera que es necesario promover un crecimiento acelerado, pero sustentable, del sistema financiero mexicano. Para ello, es condición indispensable contar con un sistema judicial acorde al siglo XXI. Una buena muestra del impacto del marco jurídico en la dotación de crédito es lo ocurrido con los créditos hipotecarios a partir de 2001, cuando se modificaron las leyes para hacerlo más eficiente. Hoy, los créditos hipotecarios en México son abundantes y tienen las tasas de interés más reducidas de la historia, precisamente como resultado de esa seguridad jurídica.

Sobre la importancia de las iniciativas empresariales, César Alierta destaca sus impactos e influencias en el entorno social, porque "hay que recordar que en la política se toman decisiones por dos o tres años. Los tiempos te los marcan las elecciones y, claro, eso hace que se tomen decisiones de corto plazo […] Las empresas, por el contrario, tenemos la ventaja de que, aunque tenemos un examen diario en los mercados, podemos tomar decisiones a diez años. Yo creo que en política hay mucho cortoplacismo".

Las recientes turbulencias económicas demuestran lo delicado que resulta depender tanto de las exportaciones a Estados Unidos. Los líderes —todos— subrayan que esta asociación económica es un factor de ventaja único y poderosísimo, pero que las contracciones de la economía norteamericana tienen impactos muy severos. Por eso es importante el argumento en favor de una diversificación más agresiva de los mercados internacionales. Ahora bien, en los diálogos se destaca aún más la importancia de reforzar y ampliar el mercado interno.

Existen aún grandes oportunidades para la vinculación entre las empresas que exportan y las que producen para el mercado interno, para el desarrollo de cadenas productivas modernas y eficientes dentro de nuestra economía y para la constitución de una planta de proveedores que eleve el contenido nacional y se convierta en el gran motor de la economía mexicana. Estamos ante la urgencia de agregar valor tanto en la parte exportadora como en la local, siendo ésta la única manera de generar empleos bien pagados. Como dice Felipe González: "Un país es central cuando es capaz de acceder a la red ofreciendo algo que represente valor para los demás".

Debemos fortalecer la integración económica regional con el desarrollo de un mercado interno sólido que nos permita aprovechar mejor los periodos de expansión, reduciendo al mismo tiempo los efectos de las etapas depresivas que la industria estadounidense, como cualquiera, presenta cíclicamente.

Por desgracia, cuando se habla de tener un mercado interno fuerte, muchos lo interpretan como una responsabilidad exclusiva del gobierno. En específico, hay quienes opinan que apoyar a un mercado interno significa implementar subsidios y transferencias a las empresas. Eso no es posible. Regresar a una economía cerrada en donde se favorecía a empresarios por cuestiones políticas no puede ser una aspiración para el México del siglo XXI. Por el contrario, sí es posible construir una base económica interna, competitiva.

Rebeca Grynspan destaca la experiencia de países de alto crecimiento en los que el mercado interno juega un papel fundamental. En éstos, se advierte a menudo la apuesta por la diversificación de las inversiones regionales y el desarrollo de cadenas de valor locales, lo que no ha sucedido en México. Ella enfatiza que la cuestión no es por qué hubo apertura, sino por qué sólo se privilegió la apertura y no el desarrollo paralelo del mercado: "Algunos dicen: ¿por qué nos abrimos? Yo diría que esa no es la pregunta, sino que debemos cuestionarnos por qué solamente nos abrimos". Grynspan también comenta el desconcierto que expresan varios de sus colegas en el plano internacional respecto de la falta de medidas de avanzada en los temas económicos, siendo que nuestro país ha dado pasos de política pública innovadores y vanguardistas en otras esferas de la acción gubernamental: "Los riesgos que se tomaron en el área social, como en el caso del programa Oportunidades, con su enorme impacto en millones de personas, no se tomaron en el área económica. México se ha quedado en el mismo lugar mientras que otros países lo han hecho mejor".

Un tema especialmente destacado es la importancia de las clases medias para el crecimiento y la gobernabilidad de un país. México tiene hoy clases medias que son producto del esfuerzo familiar y el mérito. En las conversaciones se subraya su nueva presencia, que en otros países, como Brasil, ha sido un elemento diferenciador del avance social y económico. Marcel Biato lo resume de forma extraordinaria: "En Brasil, lo absolutamente fundamental fue ampliar los derechos de los ciudadanos, transformar a las personas en ciudadanos, brindándoles derechos de consumidores y haciendo reales esos derechos".

Estas clases medias han crecido en nuestro país por la estabilidad financiera que ha hecho posible el crédito, por la aparición de las hipotecas a tasa fija, por la apertura económica que bajó los precios de muchos bienes y por la suma de varios ingresos en una misma familia. Sin embargo, su ascenso presenta riesgos todavía, como la tentación de comprometer la estabilidad de la economía, el que se siga posponiendo el crecimiento elevado y sostenido, el no reformar el mercado interno para que compita y sea capaz de generar riqueza y empleo bien remunerado, el que no se acabe con la inseguridad que afecta a este segmento (el más vulnerable), que no se consolide la ampliación bancaria y que no se tenga suficiente información para funcionar en una economía moderna (educación económica).

La preponderancia de estos factores, entre otros, para la expansión y consolidación de las clases medias en México, es expuesta por Rodrigo Rato:

> La bancarización de un país es buena. Tiene efectos positivos desde el punto de vista de la creación de ahorro y del crédito. El crédito permite a las pequeñas empresas acceder al capital, porque el mercado de capitales y la bolsa están muy bien para las grandes compañías [...] Pero una gran parte [del crecimiento] va a estar ligado a la demanda interna. Ustedes son un "montón" de mexicanos. La clase media será —o más bien ya es— la que pueda mantener una economía fuerte, como en el caso de Brasil [...] En ese sentido, creo que las reformas internas que están haciendo les deben llevar a tener una economía doméstica y una demanda interna considerables, tanto de inversión como de consumo.

Un tema que debemos tomar en cuenta y priorizar, y que no siempre se discute cuando se analizan los mecanismos para elevar la productividad y la competencia, es la superación de desigualdades sociales demasiado profundas. Como dice Rodrigo Rato: "También es verdad que los países crecen cuando las desigualdades no son tan grandes [...] Es importante que haya una conciencia de creación de igualdad de oportunidades por medio de políticas sociales y también de políticas educativas, para así dar una nueva oportunidad a todas las clases sociales. Y eso tiene que suceder junto con una economía de mayor competencia interna". Lo económico y lo social son dos caras de la misma moneda. Sin una economía en crecimiento sostenido, es imposible contar con los recursos para cerrar las brechas entre grupos y regiones de México. También, un desarrollo social insuficiente establece límites a las posibilidades de crecimiento de la economía.

Un tema en que prácticamente hay total coincidencia entre los líderes internacionales, es el de la importancia de la educación para insertar a nuestra nación en el mundo moderno. Nuestras sociedades deben exigir y exigirse mayor calidad de la educación y han de apostar por la innovación. La presidenta Chinchilla es enfática al señalarlo:

> La gran factura pendiente de América Latina es la educación, porque representa el activo más importante que cualquier nación puede tener, que es un contingente de gente joven. Y ése es un activo valiosísimo que estamos desperdiciando, porque las tasas de escolaridad en la América Latina son una verdadera vergüenza […] Hacer ciudadanía es invertir mucho más en desarrollo social. Es invertir en educación por sobre todo. Es invertir en gente educada, gente que cuando vaya a tomar sus decisiones sepa por qué lo está haciendo. El gran reto es invertir en una ciudadanía más educada, más formada y más informada.

A los viejos retos de cobertura educativa, ahora debemos sumar las exigencias de calidad y pertinencia en todos los niveles de educación. Hoy sabemos con certeza que falta aún mucho para tener una educación de calidad, porque finalmente hemos participado en exámenes internacionales que permiten comparar nuestro sistema educativo con el de otros países. Los resultados no son buenos, pero lo importante es que ahora tenemos datos duros que nos permiten compararnos con otros. Estos datos impiden que ignoremos una realidad y dan dirección al cambio.

Así, Andrés Oppenheimer recalca que, para avanzar en la calidad de la educación, hay que empezar por reconocer la realidad y sus problemas. Y va más allá: "La educación en México, como en el resto de América Latina, es una cuestión de vida o muerte". Sin embargo, los cambios exigen condiciones específicas para su realización. Una de estas condiciones es que hay que poner a la educación en el centro de la agenda política. Otra es que debe haber un movimiento ciudadano unificado que establezca metas muy concretas y que exija el cumplimiento de las mismas en un tiempo razonable.

Los dividendos de los cambios hacia una educación de mayor calidad y pertinencia son innegables; pero también se subraya que, para lograrlos, se deben superar prácticas e inercias muy arraigadas. Julio María Sanguinetti sostiene que algunos países han logrado cambios educativos que en nuestra región no se han presentado con la velocidad necesaria: "No hubo ningún milagro, sino que hay una explicación muy racional: es la gente mejor formada. Son los países que han formado mejor a su nueva generación y eso nos cuesta asumirlo. Tenemos gremios de profesores que reducen su horizonte a reclamar presupuesto, porque todo el tema empieza y termina en presupuesto. De calidad nadie habla".

En los temas sociales, no suele hablarse de la seguridad pública. Sin embargo, ésta se ha convertido en la materia de mayor importancia para los mexicanos, así como para prácticamente todos los países de Iberoamérica. Como ocurre con la mayor parte de los asuntos que tenemos que resolver, sus orígenes están en la manera en que el régimen autoritario administraba los asuntos relacionados con el crimen. Para entender al crimen organizado del siglo XXI es necesario recordar cómo funcionaba la seguridad pública en los años setenta, cuando el Estado y el crimen llegaron a ser indiferenciables.

Tiene mucha razón Julio María Sanguinetti cuando expresa que las acciones del crimen organizado son expresión de la batalla contra la institucionalidad, que debe analizarse con el mismo peso que los temas de enfrentamiento policiaco o de ganancias económicas por actividades ilícitas.

La seguridad de las personas y de sus propiedades es una condición indispensable para una vida exitosa en comunidad. Lo verdaderamente importante de este hecho, es que nos permite definir qué queremos como sociedad. La atención al tema de la seguridad deriva de que, sin ésta, no es posible construir lo demás.

La violencia no es aceptable, ni siquiera cuando su origen puede hallarse en cuestiones históricas. No queremos un México violento, controlado por criminales, así sea en regiones lejanas. El enfrentamiento con el crimen organizado es entonces un tema de control del territorio nacional en beneficio de los mexicanos.

Se trata de un fenómeno que no podemos ignorar. Si bien el crimen existe en todas las sociedades, no debemos tener duda de que México fue demasiado permisivo, por demasiado tiempo, con actividades que se llaman criminales porque van en contra del interés de la sociedad. Hay regiones en México en las que estas actividades han ocurrido por décadas, regiones en las que se llegó a creer que esta situación podía traer beneficios. No es así: el crimen es, por definición, un acto contra la sociedad, y tarde o temprano ésta queda destruida si no lo enfrenta. En este sentido, Felipe González sostiene: "Uno no vive la libertad de manera razonablemente plena sin una seguridad física mínima; tampoco la vivimos plenamente si no existe una seguridad razonable para la familia en la vida cotidiana, en los negocios, en la administración. Si no hay la seguridad, tampoco hay libertad suficiente. Pero no debemos caer en el error de confundir autoridad con totalitarismo". Y no es casual que César Gaviria afirme con toda precisión que la violencia deslegitima mucho las instituciones. Esta idea la desarrolla Julio María Sanguinetti: "Sin una institucionalidad fuerte y realmente sentida como tal, no hay seguridad. No se siente amparado ni el inversor, ni el trabajador, ni el ciudadano común, ni la madre que trata de educar mejor a sus hijos". Rodrigo Rato resume este escenario con una frase tajante: "Tienen ustedes que ganar esa batalla contra el narcotráfico, sin la cual, si me permite la expresión, el país está secuestrado".

En todos los líderes que han participado en este libro, encuentro un amplio y genuino reconocimiento a la decisión del presidente de México, Felipe Calderón, de enfrentar al crimen organizado. Pero también se subraya enfáticamente que en esta determinación se necesita el respaldo de toda la sociedad. Felipe González lo dice así: "Una vez tomada por el presidente Calderón la decisión de recuperar la soberanía sobre el territorio en términos de presencia del Estado, todas las fuerzas políticas tienen que apoyarlo como un solo hombre". Rebeca Grynspan sostiene que: "La apuesta del presidente Calderón en esta lucha es vista con gran admiración en muchas partes del globo. Es una apuesta muy valiente. Lo que sorprende, digamos, es la falta de ese acuerdo nacional que permita un resultado posible y compartido". José

María Aznar enfatiza que: "México está en plena batalla. En mi experiencia, la batalla es total o no es. Aprecio muchísimo el coraje moral del presidente Calderón de dar la batalla y apreciamos muchísimo su capacidad de decisión". Álvaro Uribe enfrentó una situación también muy compleja contra el crimen organizado y determina que: "Cuando se da ejemplo de firmeza, se adquiere legitimidad para exigir apoyo y cooperación". La presidenta Chinchilla destaca: "Vemos a un gobierno del presidente Calderón valiente y confiamos en que el pueblo mexicano entienda la urgencia de unirse en un solo esfuerzo para derrotar esas fuerzas del mal. Ningún gobierno, por sí solo, va a poder ganar esta batalla, pues necesita el respaldo de su pueblo".

El crimen organizado es, por la naturaleza de sus actividades, un asunto de carácter policiaco. Sin embargo, durante los últimos quince años, su magnitud y capacidad de fuego, así como la intentona de controlar el territorio en algunas regiones, lo configuran como un asunto de carácter militar. Por eso es que no estamos frente a una situación simple en la cual baste retirar al ejército y la marina del enfrentamiento para resolverlo. Por el contrario, nos encontraríamos inermes frente a los criminales, puesto que nuestras corporaciones policiacas no cuentan aún con las condiciones necesarias para enfrentar al crimen organizado, y en muchas ocasiones ni siquiera con la intención de hacerlo, puesto que han sido cooptadas.

El tema de la corrupción policiaca es muy importante. El daño que causa abarca otros ámbitos del Estado y hay que tener esto claro para actuar y corregir. César Gaviria lo explica así: "Aquí debe estar pasando lo que sucedió en Colombia. El narcotráfico se metió por todas partes; se metió a la política, se metió a la justicia [...] Es ingenuo creer que lo único que se corrompió fue la policía. No. La justicia, que es un componente fundamental en la lucha contra el crimen organizado, también tiene espacios de corrupción y hay que hacerla funcionar".

Esta situación se relaciona estrechamente con la impunidad, que tanto lastima a la sociedad, que tanto mina la confianza y la esperanza de alcanzar un país seguro. Como establece Laura Chinchilla:

Debemos seguir apostando por la institucionalidad. Mientras no tengamos una policía que trabaje con integridad, además de jueces y fiscales que lo hagan igualmente, va a ser muy difícil enfrentar este problema. Y debemos comprender —y que esto no sirva como excusa— que, en tanto tengamos condiciones de exclusión social, siempre habrá una familia, una persona, un joven dispuesto a ayudar en esa cadena delictiva.

Es básica esta dimensión de progreso social que debe acompañar las acciones de los cuerpos de seguridad. En Colombia, Álvaro Uribe destaca esto como una de las claves de sus avances en la agenda contra el crimen organizado:

> En Colombia, la seguridad obtuvo victorias tempranas. Eso devolvió a la ciudadanía una esperanza que se había perdido, la de poder tener un país seguro. También introdujimos una serie de incentivos para aumentar la inversión. Al mismo tiempo, hicimos un esfuerzo para acompañar la seguridad y la promoción de la inversión con más educación, con más salud, con mejor nutrición infantil, con más microcréditos […] Tuve más consenso ciudadano y más oposición política. Sin embargo, el poder ciudadano fue mayor, mucho mayor que el político.

En las conversaciones que integran este libro, también se insiste en que debe avanzarse mucho en aumentar y mejorar los sistemas de inteligencia; se ha de limitar y afectar las enormes rentas económicas producidas por actividades ilícitas y es muy importante coordinar efectivamente los órdenes de gobierno para estar en condiciones de utilizar eficazmente la capacidad del Estado mexicano. Debemos también señalar que ha de ser una política de Estado el reconocimiento a los héroes en la lucha contra el crimen. Al respecto, Joaquín Villalobos subraya lo siguiente: "Es otro déficit en esta lucha. Es una lucha sin héroes. No hay reconocimiento al esfuerzo que hacen los policías, policías que son jóvenes".

Un asunto que fue abordado repetidamente por los líderes entrevistados fue la dimensión internacional del tema de seguridad. Así lo enfatiza Felipe González:

> Hay que cambiar el escenario del juego. La pelea contra el tráfico de droga, contra la criminalidad organizada, no es la pelea de México, es la pelea del mundo, empezando por el primer mercado de consumo de lo que pasa por México. El segundo es Europa [...] Lo digo de manera brutal. Mientras que los muertos los ponga una parte y el consumo y la circulación de capitales otra, esto no tiene arreglo.

Laura Chinchilla, quien es presidenta de una de la naciones más reconocidas por su compromiso con la paz, expresa sus preocupaciones: "En gran parte de la región vemos un peligroso avance de las estructuras delictivas, del crimen organizado. Es un tema que yo creo nos debería preocupar más. Vemos cómo el éxito de algunas naciones significa la amenaza para otras; no la solución, sino el desplazamiento". La argumentación gira en torno a que debe exigirse más a Estados Unidos —que es el principal mercado de consumo de drogas del mundo y necesita ajustes en sus políticas—, al tiempo que se privilegia cada vez más una perspectiva de salud pública y no la visión criminalizadora, porque es claro que ésta no ha logrado reducir el consumo. Ricardo Lagos lo plantea de la siguiente manera:

> Estados Unidos tiene que jugar un rol infinitamente más activo del que está jugando. Debe entender que las medidas para enfrentar el problema son medidas complejas [...] Ha sido una decisión de mucho coraje la que tomó el presidente Calderón al enfrentar al crimen organizado. La respuesta ha sido muy fuerte y violenta por parte de los narcotraficantes, que han demostrado un gran poder de fuego. Creo que el esfuerzo que hace México hoy en día ante el crimen organizado, merecería mayor apoyo del resto de los países de América Latina y una participación mucho más activa de la que existe hoy en día por parte de Estados Unidos.

Es cierto que ha avanzado mucho el nivel de cooperación entre nuestros dos países. Condoleezza Rice reconoce que "mucha de la estabilidad y seguridad de México y Estados Unidos está ligada". Uno de los temas más delicados de esta cooperación es la venta de armas desde Estados Unidos a los criminales en México. Jeffrey Davidow indica que es un tema complicado, porque las leyes de su país no permiten controlar la venta de armas, pero que debe reforzarse decididamente el control fronterizo para evitar su tráfico ilegal:

> Lo que no sería posible es controlar la venta, pero tenemos en toda la frontera un número mínimo de agentes trabajando en eso. En los últimos diez años, hemos aumentado el número de agentes de la Border Patrol aquí en la frontera [...] Pero en comparación, los investigadores a cargo del Buró de Alcohol, Tabaco, Armas y Explosivos deben haber pasado de veinte a cuarenta en toda la frontera [...] ¿Por qué no dedicamos mucho más gente a la tarea de prohibir la exportación? Es ilegal. No necesitamos una nueva ley. Es ilegal exportar armas de Estados Unidos a México o a cualquier otro país.

Ante la violencia desplegada por el crimen organizado, se escuchan voces que sugieren legalizar el uso de las drogas. Éste es un debate que debe darse con toda responsabilidad. Creo que las drogas y el crimen organizado desnudaron las debilidades institucionales, sobre todo localmente. Poner en primer plano la legalización es una forma de evadir la responsabilidad de fortalecerlas, es buscar atajos para no enfrentar el problema real. Como dice Julio María Sanguinetti: "Hoy están creciendo corrientes 'legalizadoras' del fenómeno de la droga. En el fondo son actitudes de resignación. Es decir: como no puedo, me resigno y convivo".

Además, muchos de los participantes en el libro expresan su preocupación de que, con toda seguridad, se multiplicaría el problema de salud pública en el país por la expansión de las adicciones. Por eso debemos ser muy responsables al debatir este tema. Así lo explica César Gaviria: "En lugar de decir que hay que legalizar las drogas —lo que crea confusión al dar la impresión de que éstas no hacen daño o que no se van a controlar—, se debe empezar a considerar el consumo de drogas como un problema de salud, no un problema criminal. Ése es realmente el planteamiento de fondo".

Y, por supuesto, debe considerarse que ésta no puede ser una decisión de un solo país. Un ejemplo de la complejidad de la situación nos la da Joaquín Villalobos:

> Hoy se debate la legalización del consumo de drogas; pero una y otra vez se cae en una posición injusta, en que no se entiende qué hay que hacer más allá del consumo. ¿Cómo hacemos los países que tenemos producción y tráfico, que tenemos más oferta que demanda? Porque es fácil para los holandeses y para los americanos en California decir: "No, aquí la marihuana va a ser legal". Tratan el consumo, ¿pero la producción? Eso sí me parece una cosa injusta, porque si al final ellos resuelven, es porque de algún lado llega la droga y una vez llegando ahí ya es legal. Pero en el tráfico va a seguir el problema. Es como un estimulo a los cárteles. Se legaliza el consumo, el negocio se va a poner buenísimo.

Un objetivo a lograr en la agenda de seguridad es establecer con toda claridad el control institucional del territorio nacional. Éste es, evidentemente, un objetivo que debemos compartir todos los mexicanos. En su cumplimiento deben participar todos los poderes y órdenes de gobierno. Es un reto de la República Federal, no del gobierno. Es un reto para gobernadores y presidentes municipales, lo mismo que para el Presidente de la República y el Congreso de la Unión. Es un reto también para el Poder Judicial.

Debemos entender que un objetivo fundamental es recuperar el control territorial para beneficio de los mexicanos. Esto significa que quienes deben controlar el territorio no son las corporaciones de seguridad, sino la ciudadanía en pleno. Como advierte Joaquín Villalobos:

> Una sociedad como la mexicana, que rechaza la violencia, es algo positivo y que apunta a otro escalón: el de la posible

madurez [...] La condición de hacer esta lucha contra el crimen en condiciones democráticas es difícil, pero el resultado final es gran premio, cuando la gente empieza a mostrarse ya sin miedo y comienza a participar, porque eso consolida. La democracia no es fácil, pero hay condiciones mucho más difíciles.

Por ello tenemos que orientar nuestros esfuerzos a que cada rincón de México sea un espacio pleno de la ciudadanía, un lugar en el que existan condiciones para una vida digna y en paz. Parte fundamental de la estrategia debe consistir en la recreación de los espacios y paisajes urbanos, favoreciendo la vida comunitaria.

Estamos ante un enfrentamiento permanente contra el crimen organizado, contra la corrupción y contra la impunidad. El objetivo es recuperar a México por completo para los mexicanos todos. Una meta fundamental es que las familias sientan certeza y que no vivan con miedo. Tal es el compromiso de un Estado fuerte.

El Estado mexicano del pasado era fuerte porque empleaba mecanismos autoritarios para controlar a la población e imponer la voluntad de quienes estaban en el gobierno. Hoy, nuestro reto es construir un Estado igualmente fuerte, pero en un contexto democrático, representativo y sujeto a los mecanismos de rendición de cuentas que caracterizan a las democracias modernas. En la década pasada, los mexicanos observamos el desmantelamiento del viejo Estado, pero como sociedad no hemos tenido la habilidad de construir uno nuevo bajo reglas diferentes. Lo que define a un Estado débil es su propensión a ser controlado por quienes ostentan privilegios, sin el respaldo y la confianza de la ciudadanía. Esto nos obliga a emprender una tarea de construcción y de recuperación: construcción de nuevos instrumentos y mecanismos que gocen de amplia legitimidad para poder gobernar y sentar las bases para un desarrollo económico duradero. Por otro lado, es imperativo recuperar espacios que antes respondían al Estado y que, en las últimas décadas, fueron invadidos por el crimen organizado o capturados por intereses particulares.

Recuperar un Estado entrañará un ejercicio de fortalecimiento que le confiera legitimidad a la actividad gubernamental, y capacidad de acción a la sociedad en su conjunto. La clave reside en que los ciudadanos cuenten con las certezas y la confianza de que la autoridad trabaja para ellos y para nadie más, es decir, que la autoridad ha de ganarse día a día el respeto ciudadano por su capacidad de actuación y cumplimiento. Un Estado fuerte, con las salvaguardas debidas, no es un Estado autoritario.

No es asunto sencillo construir un régimen político nuevo, una democracia eficiente, una economía pujante y vigorosa, una sociedad pacífica y segura. Hemos pagado ya buena parte del costo de este proceso. Hemos dedicando cerca de diez años a saber de qué tamaño han sido nuestros errores.

Nuestra realidad puede llevarnos al pesimismo y la desesperanza. Por eso es muy importante entender correctamente los problemas para poder construir soluciones. En los últimos años, hemos comprendido con mayor claridad los retos y hoy podemos avanzar para resolverlos.

Este esfuerzo debe ir acompañado, como insiste César Gaviria, del reconocimiento ciudadano de que hay problemas muy serios que frenan el futuro del país. Él nos indica que no basta con que la élite dirigente tenga voluntad; la ciudadanía debe creer que con esos problemas es muy difícil avanzar, porque sin la ciudadanía no hay presión de cambio suficiente sobre los partidos políticos.

Debemos construir un régimen político nuevo, una democracia eficiente, una economía pujante y vigorosa. No es un asunto sencillo. Hemos pagado ya buena parte del costo de este proceso. Hemos dedicado cerca de quince años a este proceso de comprender cuánto cuesta no enfrentar a los criminales desde el principio. Quince años después, sabemos de qué tamaño han sido nuestros errores.

Debemos proponernos construir el México del siglo XXI, teniendo como punto de partida no un régimen autoritario, sino un sistema político centrado en el ciudadano.

La tarea es construir las instituciones que permitan a los mexicanos ser iguales frente a la ley, contar con las mismas oportunidades y tener la libertad de decidir lo que consideren adecuado para su vida. Esta tarea implica construir ciudadanía en, por lo menos, seis ámbitos*: el social, el de la seguridad, el económico, el de la sustentabilidad, el de la responsabilidad y el político.

Ciudadanía social. Implica impulsar la igualdad de oportunidades, porque la igualdad frente a la ley debe contemplar también la igualdad de oportunidades. Ésta no se logra mediante programas asistenciales, sino respaldando las iniciativas y el talento de los ciudadanos, dando a cada persona la capacidad de decidir. Así, el ciudadano puede hacerse responsable de sus decisiones.

Es una apuesta contra la pobreza sustentada en el principio de subsidiariedad, en que se respalde y apoye a quienes lo requieren, cuando sea necesario, en la medida de lo necesario y durante el tiempo necesario, sin suplantar o sustituir la libre iniciativa de las personas y sus comunidades.

Significa un compromiso total por la calidad de la educación y por lograr un sistema universal de salud eficaz y digno. Supone respaldar y estimular la expansión y consolidación de las clases medias en México permitiendo que las personas puedan alcanzar sus metas mediante su propio esfuerzo y capacidades. Implica la posibilidad de contar con créditos, con mecanismos adecuados y sencillos, para que los ciudadanos emprendan sus proyectos económicos.

Ampliar y fortalecer el capital social es un eje fundamental de la corresponsabilidad entre sociedad y gobierno para la gestión de los problemas propios de cada comunidad; también es un mecanismo imprescindible de fortalecimiento del tejido social.

La cultura debe ser un eje rector en la recuperación del tejido social. Me refiero a la cultura en sentido amplio y no sólo como el fomento de lo que se ha dado en llamar bellas artes, ni tampoco como la exclusiva promoción de costumbres, tradiciones y otros referentes culturales (que tanto abundan en México); me refiero también y sobre todo al fortalecimiento de mecanismos de integración y cohesión social, y en especial a la multiplicación de espacios de convivencia y participación social, así como de vínculos valorativos entre los mexicanos.

---

*Uso el concepto de ciudadanía de manera comprensiva, no exclusiva. Es decir, que el sentido en que uso el término no se restringe al concepto tradicional ni a la definición jurídico-política de "ciudadanía".

Ciudadanía segura. Para construir un sistema de seguridad pública, de procuración, impartición y administración de justicia que garantice la igualdad de los mexicanos ante la ley, alcanzando el control territorial para beneficio de los mexicanos y para que pueda existir un pleno Estado de derecho. En esta agenda, requerimos acciones conjuntas y coordinadas, fortalecimiento institucional, construcción de confianza, medición de resultados, cuidar derechos y tener gobiernos locales fuertes, porque la seguridad tiene muchos componentes pero comienza en cada cuadra, cada manzana y cada localidad. El gobierno local es la instancia fundamental de la seguridad y es el punto de contacto más inmediato entre el ciudadano y el gobierno.

Ciudadanía económica. Ha de brindar respuestas económicas del lado de la oferta y no sólo del ya tradicional lado de la demanda, con una economía orientada a la productividad. Implica desarrollar un mercado interno fuerte, no como obligación del gobierno ni con base en subsidios y transferencias, sino reduciendo los obstáculos a la capacidad emprendedora de nuestra gente. Tiene el propósito de que los ciudadanos puedan ser consumidores responsables en un mercado con competencia, en donde tengan más amplio acceso a servicios eficientes de ahorro y crédito.

Supone una apuesta por dar a los mexicanos acceso a una preparación y capacitación que les permita ser productivos. También procura que empresas de todos los tamaños crezcan con financiación mediante procedimientos sencillos, condiciones de competencia efectiva, inversión en capacitación técnica, apoyo en el proceso productivo y acceso a mercados, garantizando el cumplimiento de contratos y el fortalecimiento de los derechos de propiedad. Ésta es la medida más importante para dotar de crédito a las empresas mexicanas.

Significa modernizar el marco regulatorio del trabajo: garantizar la movilidad laboral, asegurar condiciones dignas de trabajo con seguridad, favorecer a mujeres y jóvenes, garantizar ingresos razonables y democratizar las organizaciones. También implica concentrar los esfuerzos gubernamentales en la creación de un entorno que favorezca a las empresas con más y mejor infraestructura (en parte pública y en parte privada), con más y mejor capital humano, con mayor acceso a mercados.

Ciudadanía sustentable. Promueve un manejo del agua mucho más responsable mediante la combinación adecuada de regulación e incentivos, impulsando la recuperación de bosques y selvas con programas y políticas públicas integrales, procurando la vocación silvícola de buena parte del territorio bajo esquemas sustentables, incentivando el manejo de desechos sólidos —la basura—, que dejamos abandonado por décadas y que ahora es un problema serio en varias de las grandes zonas metropolitanas del país. Aunque éste es un tema municipal (similar en algunos puntos al tema del agua), debemos establecer políticas nacionales con la regulación e incentivos adecuados para su funcionamiento.

Un elemento indispensable del crecimiento económico es el uso de la energía. Al respecto, lo primero que debemos hacer es garantizar el abasto de energía necesario para una etapa de crecimiento económico acelerado, como será el que se alcanzará con base en las reformas estructurales mencionadas previamente. Sin embargo, el reto no sólo consiste en garantizar el abasto, sino en preparar la transición paulatina a fuentes alternativas de energía.

Ciudadanía responsable. Se centra en la importancia de que una sociedad consciente impulsa la construcción del tejido social, viviendo y desarrollándose en comunidad. Si bien una ciudadanía responsable impulsa gobiernos responsables que están sujetos a una vigilancia efectiva mediante mecanismos de transparencia, rendición de cuentas y evaluación efectiva de las políticas públicas y del quehacer del gobierno, su fortalecimiento expresa no sólo la importancia de los vínculos entre ciudadanos y gobiernos, sino también de una renovada relación entre los ciudadanos en función del fortalecimiento de la vida en comunidad.

La acción de los ciudadanos y sus organizaciones en el quehacer público, implica la constante vigilancia para garantizar finanzas públicas sanas, porque de otra manera se arriesgan el patrimonio y las expectativas de las familias. Se debe evitar el gasto social de carácter clientelar, promoviendo la racionalización del gasto administrativo en los poderes de la unión y en todos los niveles de gobierno, evaluando el destino eficaz de los recursos y verificando que se tenga como meta un déficit de gasto público razonable en el mediano plazo, además de deudas públicas locales en niveles y con crecimientos que respondan a la capacidad real de pago.

Ciudadanía política. Porque la transformación política que requiere México consiste en trasladar el poder a los ciudadanos, reconociendo candidaturas independientes, reelección inmediata de legisladores y presidentes municipales, así como iniciativas ciudadanas, entre otras mejoras.

Nuestra democracia representativa se sustenta en el sistema de partidos. En este marco, es urgente atender el reclamo de los ciudadanos por transformar estos institutos políticos en organizaciones más representativas, más democráticas, más transparentes, abiertas a la participación ciudadana y sujetas al escrutinio público.

Considera el fortalecimiento y ampliación de espacios de participación sistemática de los ciudadanos y sus organizaciones en la gestión pública de orden local y federal. Sólo puede lograrse mayor poder ciudadano con una reforma estructural de gobierno que permita establecer el sistema de pesos y contrapesos necesario para el adecuado funcionamiento de la federación.

Ningún gobierno, partido político o poder, puede gobernar sin la participación de la sociedad. Porque las Naciones necesitan tanta sociedad (organizada, vertebrada) como sea posible y tanto gobierno como sea necesario.

Sólo hay posibilidades de una efectiva participación ciudadana en una sociedad que da prioridad a la perspectiva global, a la atención y vinculación con los mexicanos que viven fuera de México, concentrada en fortalecer a las comunidades de mexicanos en el exterior y favoreciendo las inversiones mexicanas en el resto del mundo. Así, se reconoce y defiende que las personas, por su propia condición, tienen y llevan consigo un bagaje de derechos fundamentales inalienables, se encuentren donde se encuentren.

Esto implica una gran transformación, avanzar de una vez por todas en el proceso de construcción de un nuevo régimen en

México. Para ello, tenemos que exigirnos la consecución de acuerdos muy amplios, pero sobre todo debemos contar con un punto de partida para impulsar y lograr esos acuerdos.

El país pasa por una etapa compleja y contradictoria. Por un lado, la gente anhela cambios que mejoren sus oportunidades de vida, reduciendo la violencia y promoviendo el desarrollo. Por el otro, existe un profundo temor a que cualquier cambio se traduzca en un resultado peor. Así, los mexicanos hemos acabado paralizados, impedidos de progresar y prosperar.

La agenda de modernización del país tendrá que negociarse con las diversas fuerzas políticas, pero su esencia es muy clara y debe concentrarse en una muy clara prioridad: construir las instituciones que permitan a los mexicanos ser todos iguales frente a la ley y en oportunidades. Como destaca Julio María Sanguinetti: "La institucionalidad requiere de ciudadanía; si no hay un ciudadano que la entienda, la asuma y la defienda, la institucionalidad es imposible".

No basta seguir corrigiendo sobre un andamiaje viejo y desgastado. No podemos seguir construyendo de a pedazos. Necesitamos establecer una nueva agenda que trastoque los arreglos existentes y que elimine los candados que vienen del pasado.

Al discutir respecto del país que necesitamos, no podemos seguir temiendo e ignorando la verdad, por difícil que ésta sea. No se pueden esquivar los problemas que afectan a las personas. No pueden postergarse los debates responsables sobre temas críticos para nuestro presente y futuro.

Debemos superar la nostalgia de algunos por los pactos del pasado. México no necesita una definición autoritaria a la que se sume la sociedad.

Hoy sabemos que no nos va a salvar un mesías o un caudillo. Nadie pone en duda la importancia de los liderazgos con rumbo y decisión, pero es imperativo reconocer que no existen salvadores. Julio Sanguinetti fue claro al señalar que el mesías es una gran idea filosófica, pero no es un buen fundamento para el desarrollo de un país. Nuestro camino es el de las instituciones que dan vida y oportunidad de prosperar a todos los mexicanos.

En América Latina, la mayoría de los países cumple con los requisitos básicos de la democracia: la separación de poderes, su independencia, un sentido plural, la visión de un sistema de partidos que funciona y la alternancia en el poder. Pero Carlos Mesa nos previene decididamente sobre otras situaciones que vemos en nuestra región y que cuestionan la filosofía republicana de la democracia. Me refiero a los casos en que una persona cree encarnar las posibilidades de cambio y desarrollo de la nación.

Hay una gran diferencia en las conductas. Michelle Bachelet destaca: "No apostamos al populismo. Por el contrario, llegamos a ser populares pero sin ser populistas, siendo serios y responsables".

Necesitamos líderes en diversos ámbitos de la sociedad, liderazgos modernos en que el Estado no se conciba como patrimonio propio o familiar. Los nuevos líderes han de estar alejados del viejo paternalismo y de las tentaciones populistas. La debilidad de liderazgo significa pérdida de presencia. Es el tiempo del ciudadano, de las amas de casa, de las mujeres que tienen diversos roles, del estudiante que quiere llegar a ser el mejor profesional, del pequeño empresario que levanta la cortina de su negocio cada mañana, del chofer y del agricultor.

Se trata de liderazgos que aseguran una línea de acción bien inspirada. Enrique Iglesias expone el caso de Uruguay. En éste, la postura del presidente consiste en que: "el país es de todos, no de un partido. Los políticos son servidores con objetivos comunes a los que se debe dar seguimiento. Es una lección de ética política".

Emilio Butragueño expresa muy vehementemente la importancia de los liderazgos con dirección clara:

> Lo más difícil es convencer no a once, sino a veinte o veintidós de que ese sistema, esa táctica, es la mejor para ganar y que ellos deben plegarse al equipo. Que reduzcan su ego para el bien del equipo. Si son inteligentes lo harán, porque si gana el equipo ganan ellos. El mejor entrenador debe tener muchas virtudes. Una de ellas es saber lo que quiere. Ha de tener una idea clara y convencer al grupo, pero el grupo tiene que darse cuenta de que él está convencido de lo que quiere.

Para José María Aznar existen sin embargo demasiados liderazgos que "se acomodan al paisaje, que son perfectamente intercambiables y que, por eso, la gente acaba pensando que todos son lo mismo [...] Pero la gente necesita líderes fuertes, necesita partidos y significados y necesita que los principios, los valores en los que cree, sean bien defendidos, tanto en Europa como en América". En términos semejantes, Condoleezza Rice propone: "Necesitas alguien que crea en ti. Y en el caso de la ciudadanía, necesitan líderes que crean en su pueblo, que digan la verdad aun en tiempos malos [...] En mi experiencia, para la construcción de acuerdos que han colaborado a cambiar el mundo se requieren liderazgos que sepan distinguir lo importante. Si únicamente tratas de ser popular, no vas a hacer nada importante".

Un rasgo muy trascendente del liderazgo está en la capacidad de cambiar al país, comprometiéndose con lograr una diferencia para que las cosas no queden igual. Es tiempo de asumir definiciones. Ya no es suficiente querer el poder; debemos saber para qué queremos ejercer el poder.

Otro factor que se subraya es la capacidad de comunicar y explicar, sobre todo porque esto permite informar a la gente qué es lo que se puede lograr y, cuando es el caso, las razones por las que no se cumplieron las promesas o se cometieron errores. Éste es un tema esencial para obtener la confianza de los ciudadanos.

En toda la región latinoamericana, las mujeres hemos ido ocupando cada vez más cargos de alta responsabilidad. Condoleezza Rice insistió en que es muy importante para las mujeres en política reconocernos como la ministra, la secretaria y no como "la mujer secretaria" o "la mujer ministra", porque no hay tiempo para pensar o preocuparse por esas cosas. Apenas hay tiempo para hacer nuestro trabajo.

Por supuesto que existe satisfacción en que, al vernos, alguna niña o joven pueda darse cuenta de que tiene la oportunidad de llegar a estos cargos y quiera hacerlo. Sin embargo, sabemos que en la política, como en otras esferas de la vida pública, todavía se nos exige más a las mujeres: Se nos exige ser doblemente trabajadoras para que alguien nos califique de trabajadoras.

Uno de los grandes retos que tenemos es transformar las instituciones de la vida del país. Las instituciones están diseñadas para un tipo de mujer que ya prácticamente no existe. Son obsoletas para ambos sexos, pero en lo que compete a nosotras, se trata de instituciones con cincuenta o sesenta años de antigüedad. Los incentivos también están desfasados. Es muy difícil asumir tantos roles al mismo tiempo y querer ser la mejor en todos los terrenos.

Otro asunto que destacó la ex presidenta Bachelet es que a las mujeres se les trata distinto en la política: "Me hicieron unas preguntas increíbles. No sólo comentaban sobre mi peso, mi estatura física, el peinado o la ropa. Me hacían preguntas como si yo tuviera que llevar a mi hijo al psiquiatra y yo les decía: "Bien. ¿A los presidentes anteriores alguna vez les preguntaron eso?"

Laura Chinchilla expresó que es mucho más observada que los hombres, porque al ser la primera presidenta de su país, sabe que está sentando la pauta para las mujeres que vienen detrás. Y a todas las responsabilidades se suma otra: su actuación puede influir en la oportunidad que tengan otras mujeres.

Las mujeres que participaron en este libro han encabezado proyectos nacionales no porque sean mujeres, sino porque han dejado de afectar negativamente el que lo seamos.

En relación con el liderazgo, uno de los temas que más destaca Felipe González es el del estado de ánimo de la gente: "Si voy a Asia, me doy cuenta de que su estado de ánimo responde a dos convicciones básicas: nunca hemos vivido mejor que ahora desde que tenemos memoria histórica; y el futuro nos pertenece, así que vamos a vivir mejor cada día. Eso da un estado de ánimo tremendo". Y sigue diciendo que, en América Latina, el único país que tiene ese estado de ánimo es Brasil. Al respecto, Marcel Biato reconoce: "Sentimos que la revolución mental, psicológica, que tuvo lugar en Brasil en los últimos diez años, está pendiente en México".

Una agenda que deben atender los líderes es la falta de aliento de los ciudadanos. Para cambiar este escenario se deben construir acuerdos, mostrar la voluntad de pacto, de suma, de consenso. Se trata de lograr que la gente diga: "Yo me siento unido a ese objetivo, aunque nunca votaría por este tipo".

No obstante, Felipe González rápidamente advierte: "El liderazgo tiende a ser profesionalmente optimista y eso no sirve. La profesionalización del optimismo no funciona". Hay que buscar mejorar el ánimo sin ilusiones. Como destaca Ricardo Lagos, debemos tener: "Confianza en que la gente va a atender nuestras propuestas [...] Pero la gente sabe más que uno [...] La POLÍTICA, con mayúsculas, consiste en escuchar la voz de los ciudadanos y su demanda para convertirla en un programa realizable, factible y sobre el cual usted deba rendir cuentas". En este sentido, un mejor estado de ánimo de los ciudadanos se edifica al lograr que confíen en que el país puede estar por encima de las diferencias, en que los políticos son capaces de construir consensos. Por supuesto, la confianza también se obtiene mostrando constancia y siendo perseverante. Como declara José María Aznar: "No se canse usted de asumir responsabilidades. No se canse usted de defender la libertad. No se canse usted de defender el bien contra el mal. No se canse usted de perseguir criminales. No se canse usted de que la ley se aplique. No hay que cansarse de esas cosas".

En México, los liderazgos tienen ahora la urgente responsabilidad de establecer un acuerdo que impulse la agenda de transformación de las instituciones y de las políticas públicas. El punto de partida que se propone para ese diálogo es el reconocimiento de las fallas del viejo régimen y las oportunidades de transformación. Como revela Julio Sanguinetti: "Para avanzar en la institucionalidad moderna es necesario construir acuerdos. Los momentos de concordia o de entendimiento nacional, con carácter realmente nacional, son el resultado de una cultura previamente desarrollada".

En este proceso no se puede descalificar sin más ninguna posición, pero sí nos exige establecer con claridad el origen de las dificultades que enfrenta México hoy y, con base en ellas, plantear mecanismos de solución sustentados en dos elementos indiscutibles: la necesidad de construir instituciones y la obligación de trasladar poder a los ciudadanos.

Felipe González insiste en la responsabilidad de lograr acuerdos, de gobernar con los "intereses generales", incluso acordando con los que te pueden ganar la siguiente elección. Esto es así porque no se gobierna en la sede de tu partido político ni con base en los prejuicios propios. En un sentido parecido, Ricardo Lagos afirma: "Lo importante en un liderazgo es atender cuándo usted habla como Jefe de Gobierno y cuándo habla como Jefe de Estado. Porque como Jefe de Estado usted es presidente, gobierna pensando en todos los chilenos. No en quienes votaron, sino en todos y eso a veces se olvida también".

Estos acuerdos son fundamentales para ofrecer la credibilidad que brinda el que las cosas sucedan independientemente de los cambios en los regímenes democráticos. Porque como indica Felipe González: "Los gobiernos que no son previsibles, no atraen inversiones de mediano y de largo plazo, ni de dentro de su país, ni de fuera".

Rebeca Grynspan lo expresa así: "Al analizar la situación mundial, uno se percata de que, sin acuerdos políticos básicos que definan un rumbo futuro, es muy difícil que una democracia avance [...] Los acuerdos no ponen en riesgo el destino común".

El gran reto está en ser lo suficientemente hábiles y generosos para acordar con base en propuestas y contenidos, no con base en prejuicios.

Y es aquí donde subyace un factor clave en el diálogo: la confianza. Sin ella, no es posible construir. Al recordar la historia reciente, el avance y las transformaciones de Chile con Michelle Bachelet, el factor confianza aparece como clave, porque si no se cree en el otro, los acuerdos son inalcanzables. Esta confianza no siempre es fácil de alcanzar ante el recelo y la sospecha que muchas veces prevalecen, y que suponen que acordar es rendirse, entregarse, ceder en lugar de ganar. Rodrigo Rato invita a soltar el freno a los acuerdos: "Aún con la dureza política, los acuerdos son importantes. Los consensos se generan con la confianza que se debe propiciar en las relaciones políticas. Una cosa es ser competidores y adversarios, y otra cosa es no tener zonas de consenso. Y la sociedad tiene que pedir estos consensos. Los políticos también deben ser conscientes de que la sociedad no será permisiva con ellos".

Existe un factor que muy rara vez se toma en cuenta al hablar de acuerdos: la generosidad. Michelle Bachelet nos relata que, después de años de un régimen dictatorial, ayudó mucho "pensar en grande, con altura, con generosidad". Y abunda: "Es erróneo creer que cuando se piensa con altura se pierde en lo individual. Yo, por el contrario, creo que la estatura política, la mirada de estadista, la mirada de conjunto, siempre premia al mundo político, porque la gente sabe reconocer a aquellos que se la juegan".

Tal vez en nuestro país falte el diálogo porque, precisamente, no hay tradición dialógica. Así lo formula Julio Sanguinetti. Entonces necesitamos construirla reconociendo que no todo es blanco o negro, que el debate no nos convierte en enemigos irreconciliables. Al diálogo hay que acudir convencidos de que los otros son asociados en la construcción de la sociedad en que convivimos: "Sin embargo, de repente, justamente hay un líder que encarna el diálogo y eso pasa a ser su activo. No van a darse los cambios sin líderes que los representen, no van a ocurrir solos. Vuelvo a decir 'diálogo' no como simple conversación, sino como objetivo, como instrumento para realmente encontrar los acuerdos eficaces que promueven el desarrollo".

Y es que el diálogo tiene bondades muy poderosas. Como expone José María Aznar: "No siempre el diálogo para llegar a acuerdos es sencillo. Sin embargo, la gran ventaja que tiene la democracia como sistema civilizado es que las diferencias se resuelven civilizadamente y no a tiros. Ése es el elemento básico y fundamental".

No debemos ver el diálogo como señal de debilidad. Por el contrario, si se dialoga es porque se siente la fuerza de los argumentos y las propuestas para negociar. Eso convierte al diálogo en un espacio de construcción y materialización de objetivos.

Para alcanzar pronto la agenda de modernidad, el desafío que tenemos es superar las resistencias al cambio y abrir los candados que nos atan al pasado autoritario. No podemos aspirar a un país mejor mientras sigan existiendo cotos de poder por encima de las instituciones; mientras haya quienes buscan sentirse diferentes de los demás mexicanos; mientras no aceptemos nuestra igualdad básica frente a la ley y frente a la nación exitosa que queremos construir.

El país requiere una estructura institucional más sólida, porque las instituciones son el sustento de la vida democrática y la única garantía para hacer viable el futuro de México sin el riesgo de la opacidad y de una regresión a prácticas autoritarias. No podemos seguir siendo una nación donde tan pocos reciban y puedan decidir tanto, y tantos reciban tan poco o nada.

Estamos ante la responsabilidad de construir un acuerdo que contribuya a la prosperidad con referentes éticos y axiológicos, que reconozca que no hay fórmulas mágicas o arreglos ideológicos para llevarnos a la prosperidad sin un esfuerzo sostenido.

Como reitera Felipe González, debemos evitar exaltar únicamente "los derechos sin pedirle a la gente responsabilidades y obligaciones". Continúa: "Eso nunca funciona [...] El discurso de los derechos se agota si no tiene el equivalente en responsabilidades y obligaciones. Todas las campañas electorales son subastas de derechos en las que se olvidan las obligaciones". Y el riesgo, como subraya Aznar, es que esto sucede porque hay demasiados gobernantes que están pendientes de las encuestas y no de tomar las decisiones que necesitan los países.

En la circunstancia que nos ha tocado vivir, tenemos que asumir el liderazgo que el país reclama y que la ciudadanía exige. Es tiempo de atender lo que nos dice la gente, tanto quienes coinciden con nuestros ideales políticos, como quienes piensan distinto y creen en otras opciones. En especial, debemos atender a los excluidos, a los más vulnerables y a aquellos cuyas voces no se escuchan suficientemente.

Como destaca José María Aznar: "La democracia que exige a sus liderazgos sólo es posible con ciudadanos. Y construir ciudadanía es un proceso largo y que afecta sobre todo a la construcción de valores en un país [...] Cambiar el sistema de valores requiere mucho tiempo. Ser una ciudadanía en lugar de ser personas dependientes, acostumbradas al mensaje de que el Estado lo resuelve todo [...], es una tarea de muchos años". En el mismo sentido, aclara la presidenta Chinchilla:

No hemos logrado expandir la democracia más allá de ciertos círculos y más allá de ciertas ceremonias. Porque el sufragio mismo puede terminar por convertirse en una ceremonia sin mayor sentido para las poblaciones, si las poblaciones no

se sienten parte de la democracia [...] Construimos acuerdos
de espaldas a la gente, pero luego esos acuerdos no resultan ser legítimos y se caen. Me parece que es un reto muy
grande el que tenemos, porque en el fondo se trata de tomar
la democracia en serio.

O le damos a México lo que requiere y merece o vamos a un destino de restricciones, de desaliento, con márgenes de gobernabilidad cada vez más estrechos, donde avanzaría la búsqueda de
soluciones informales frente a vacíos institucionales e irrumpiría la
incertidumbre en el contexto social. En dicho escenario, arraigaría
también una percepción de injusticia y arbitrariedad.

Un México que permita y respalde los esfuerzos de los ciudadanos
como la mejor forma de progreso... Tal es el México que podemos
y debemos construir; un México del que todos estaríamos orgullosos y en el que, sin duda, nos sentiríamos cada vez más libres y
seguros.

ENRIQUE IGLESIAS

Enrique Iglesias es una verdadera enciclopedia sobre Latinoamérica, sus crisis económicas, las estrategias para superarlas y la forma como las naciones de esta región han encontrado su camino.

De nacionalidad uruguaya, en realidad nació en Arancedo, España, el 29 de marzo de 1930. Se graduó como economista y administrador de empresas en la Universidad de la República, en Uruguay. Desarrolló sus primeras actividades profesionales en el sector privado, siendo director gerente de la Unión de Bancos del Uruguay. Luego pasó al sector público y a los organismos multilaterales de desarrollo.

Fue presidente del Banco Central del Uruguay en 1967 y 1968. Al término de su gestión fue invitado a ser el Secretario Ejecutivo de la Comisión Económica para América Latina y el Caribe, CEPAL, de 1972 a 1985. Desde 1985 hasta 1990 ocupó el cargo de Ministro de Relaciones Exteriores del Uruguay.

Representó una gran fortuna para América Latina el que Enrique Iglesias fuera electo como Presidente del Banco Interamericano de Desarrollo, en 1998. Permaneció en el cargo hasta 2005. Durante sus dos mandatos al frente de este organismo, se concluyeron las negociaciones séptima y octava, se logró la reposición general de recursos y, gracias a ello, el capital ordinario de la institución pasó de 26 500 millones a 101 000 millones de dólares.

Iglesias ha recibido innumerables premios y reconocimientos. Es autor de ocho libros que versan esencialmente sobre temas de economía y desarrollo latinoamericano. En la actualidad, es Secretario General de la Secretaría General Iberoamericana.

Nos encontramos por primera vez en una de sus tantas visitas a México como Presidente del Banco Interamericano de Desarrollo (BID). Fue en una cena en Mérida, Yucatán. Era el único espacio libre en su apretada agenda y no dudé en viajar exclusivamente para pedirle su apoyo y consejo, justo cuando el programa Oportunidades iniciaba la expansión más importante que se haya dado hasta la fecha respecto de su cobertura. Esa cena sería el principio de la relación con quien se convertiría en mi más solidario "aliado", en el más generoso de los liderazgos internacionales de aquel entonces para impulsar y fortalecer la agenda social de nuestro país. Don Enrique Iglesias representaría a la vez un poderoso puente para acercarnos a experiencias internacionales por demás valiosas.

Con el compromiso del Banco Interamericano de Desarrollo impulsamos políticas públicas como Habitat, el Programa de Remesas Comunitarias 3 x 1, así como una agenda de evaluación para la política social de nuestro país.

La reunión con don Enrique Iglesias para esta conversación fue, como siempre, un honor, una cátedra de experiencia y sabiduría, un reencuentro con el líder indiscutible al que quiero entrañablemente y sólo debo gratitud y respeto.

Tal como queda plasmado en este texto, don Enrique Iglesias será siempre un optimista incansable, un hacedor responsable, y sin duda alguien que posee la virtud y talento para avizorar el futuro.

CREO QUE ESTAMOS AL BORDE DEL CAMBIO DE PODER MÁS IMPORTANTE QUE HA TENIDO LUGAR EN EL MUNDO.

México es una nación que cuenta en el mundo de hoy. Tiene mucha población y va a tener mucha más. Es un país con una fuerza propia en su dimensión demográfica y como nación. Yo diría que tiene otra cosa muy importante: para bien y para mal, está cerca de la potencia mundial dueña de veintitrés por ciento del producto mundial.

En México, hay intensidad en todos los planos de la vida política, social e intelectual. Uno encuentra debate en la prensa. Me parece que, en especial a las élites, les atrae mucho discutir sobre temas internos, pero tengo la impresión de que ustedes, los mexicanos, no están partiendo de la base de ver hacia dónde va el mundo, siendo que el mundo no termina en Estados Unidos.

Lo primero que, a mi parecer, uno debiera decidir en una estrategia de mediano y largo plazo, es pensar a dónde va el mundo y qué posición tiene México. Y cuando digo "el mundo" me refiero al siguiente orden: el mundo norteamericano, el Pacífico y América Latina.

Puede parecer poco coherente que yo ubique a América Latina en tercer lugar. Yo creo que, en la medida en que sean fuertes en Estados Unidos, van a ser mucho más fuertes en América Latina. Es un orden de la racionalidad del momento que vive el mundo.

El mundo occidental se halla en un proceso inevitable de acercamiento al mundo oriental, donde ustedes tienen activos muy importantes. Entre las primeras cosas que uno debiera hacer en un programa de largo plazo para México, figura el mirar a dónde va la sociedad norteamericana. Y creo que la economía estadounidense va a perder fuerza en relación con el resto del mundo.

En segundo lugar, es necesario mirar al Pacífico. Sin embargo, me da la impresión de que en México no se está aprovechando suficientemente el gran puente que ustedes pueden representar para los países del mundo asiático. Necesitamos ver el futuro de México a partir de la transformación de las dos grandes áreas que he señalado.

Ante los cambios indispensables que entraña esta visión, tengo la impresión de que, en México, el debate entre izquierdas y derechas se ha centrado en los temas del mercado, el Estado y el sector privado. Me parece que se ha abusado de ese debate sin tomar decisiones realistas, porque el mundo que vendrá va a demandar una mayor presencia de un Estado tremendamente proactivo en cuanto a definir las grandes líneas estratégicas de avance social y económico. Esto no significa caer en el intervencionismo estatal de la década de 1950, sino implementar un sistema de alianzas inteligentes entre los ámbitos público y privado.

Hoy, en Brasil, hay un capitalismo de Estado muy fuerte. Yo no soy partidario del capitalismo de Estado como tal. Creo que hay que dejar que las fuerzas privadas se desarrollen. Pero también creo que el Estado tiene que estar presente detrás del escenario. En toda la evolución económica del mundo asiático estuvo el Estado. ¿Cómo se desarrolló Corea? ¿Cómo se desarrolló Vietnam?

Hay que redefinir la relación Estado-mercado en México sin prejuicios ni valoraciones históricas del problema, que siempre nos confunden.

Estamos ante otra relación nueva, dinámica, moderna. Precisamos un Estado que esté presente y eso tienen que aceptarlo el

PAN, el PRI y el PRD, porque está más allá de la ideología. Son los hechos de la realidad.

Un tema importante en que debe avanzar México es la desmonopolización, que representa una de las grandes trabas para el país.

Me preocupa mucho esto de la desmonopolización, porque ustedes están perdiendo un tiempo precioso, por ejemplo, respecto de la explotación de los hidrocarburos. Es una cosa que tienen ahí como una espada de Damocles. Hay que buscar una solución en esa materia.

México tiene demasiados desequilibrios como para pensar que el mercado los va a resolver.

Eso abarca, entre otras cosas, la reforma del Estado, la definición de los poderes locales y la relación con los poderes regionales, no para sofocar al mercado, sino para potenciarlo y orientarlo en la dirección que debe llevar el país.

Otro tema importante es la gran inversión necesaria para insertarse en el mundo moderno. Hay que hacer mucho más todavía en materia de calidad de la educación y la innovación, donde México tiene activos propios. Ustedes no llegan a uno por ciento de inversión en tecnología. En comparación, Corea invierte 3.5 por ciento del PIB. Esas son decisiones de fondo.

Ustedes han avanzado bastante en el tema de la política social. Deberán definir una estrategia social que acompañe al asistencialismo, que ha sido muy exitoso. Ustedes han podido bajar la pobreza y han podido mejorar la educación. Todo eso es muy importante, pero hay que pensar en el siguiente paso, es decir, en cómo se va del asistencialismo social inteligente a un proteccionismo social coherente con el funcionamiento económico. Esto equivale a acceder lentamente a un sistema de protección social como el que tienen algunos países europeos. Se va a llevar mucho tiempo, pero hay que empezar a apuntar hacia ahí.

Por otro lado, en la agenda de seguridad, el país debe estar absolutamente unido. Yo creo que el presidente debería llevar este tema a nivel interamericano para que la opinión pública tenga una justa dimensión, para entender que la cuestión de la seguridad es un asunto que afecta a todo el mundo.

Aunque sabemos que hay mucha más violencia en las favelas de Río que en México, hoy en día la imagen de Brasil domina ampliamente y eso se convierte también en gran atractivo para los capitales de inversión.

Creo que a México se le ve como una potencia económica muy importante y la relación con Estados Unidos es, ciertamente, privilegiada. El interés privado está en Brasil, pero el interés político no está en Brasil. México debería ser el gran país de América Latina para invertir. A mí siempre me extrañó que México, habiendo logrado un acuerdo de asociación y estrategia tan importante como el Tratado de Libre Comercio con Estados Unidos y Canadá, no haya aprovechado más su potencial; no se comprende cómo es que los inversionistas no han ido con más fuerza a México.

Ustedes tienen un activo importante en Estados Unidos. Yo diría que el mercado norteamericano mira a México como una opción importante. Quisiera que sucediera eso mismo pero desde la perspectiva asiática. Yo no creo que estén explotando el mercado asiático en todo su potencial. El tema es impulsar la acción en Asia. Eso podría fijarse como un objetivo, pero sobre todo debe considerarse como una opción interna. Es importante que la gente se comprometa con el país.

Le haría muy bien a la imagen de México obtener un plan mínimo de metas.

Uno se pregunta cómo hacerlo. ¿Cuál es la real capacidad del sistema político mexicano para asociarse en torno a un plan de metas para los próximos cinco o diez años? ¿Está el sistema político mexicano listo para ello? No tengo respuesta. La respuesta la tienen que proporcionar ustedes.

También le haría bien a México un mayor compromiso del sector privado — y en eso yo creo que también está fallando España. ¿Qué está haciendo dicho sector por el país? Este sector no puede seguir "balconeando", es decir, no puede dedicarse a mirar desde el balcón qué está pasando en el ruedo. Pienso que deben convocarlos al decir: "Señores: ¿en dónde están viviendo ustedes? ¿Creen que el país va a avanzar sin que el sector realmente se comprometa a actuar en esa materia?" Las acciones a que me refiero van desde defender el nombre de México, hasta hacer un programa de inversiones que permita realmente llevar adelante la economía.

No se puede seguir esperando a que el gobierno haga las cosas. Aquí todos tienen que hacer algo. En ese sentido, pienso que los brasileños son bastante más organizados. Hay una clara asociación en Brasil: la asociación gobierno-empresas es espectacular.

Hay que mostrar un poco el "México posible", en lo económico, en lo social, en lo internacional, como una meta para la gente joven. Se ha de difundir el México que podemos crear.

Que la gente vislumbre el país que sí podemos tener, al que podemos aspirar. México puede aspirar a estas grandes metas económicas, a este desarrollo científico-tecnológico, al avance de las exportaciones, a la vinculación dinámica con Asia y a vinculaciones en muchos sectores con Brasil.

En la actualidad, Brasil está percibiendo con preocupación que el mercado va a ser muy fuertemente penetrado por China, que vende todo y produce todo. Lo vende todo barato porque tiene sistemas sociales muy pobres, pues compite con su mano de obra barata y con su moneda también barata. América Latina debería buscar formas de asociación para hacer frente a la competencia China, ganando así en productividad. Chile lo hizo con una transición hacia un sistema político inteligente con conceptos modernos. Para lograrlo, se requiere un liderazgo político de partidos, de líderes que aseguren una línea de acción bien inspirada. Ahí, por ejemplo, está el caso de Uruguay. El presidente ha adoptado la postura de que el país es de todos, no de un partido. Los políticos son servidores con objetivos comunes a los que se debe dar seguimiento. Es una lección de ética política.

Debemos subrayar que, en todos los casos de países que han logrado avances importantes, el punto de partida ha sido un liderazgo político inteligente y con rumbo.

De igual manera, hay que redefinir qué Estado se precisa para el futuro de México, en todo sentido. Creo que hay que emprender una gran alianza para hacer frente al futuro. Es una alianza con la opinión pública y sobre todo con la gente joven. Es bueno pensar que la gente joven es el México del futuro; del presente y del futuro. Estamos ante el México al que podemos llegar si hacemos un buen pacto político, que también debe incluir la alianza con los sectores privados.

El futuro pasa por una visión inteligente de cómo nos acomodamos en la misma dirección, donde la relación público-privada tiene que replantearse en términos inteligentes.

Para la nación mexicana, el tema es cómo conciliar la vecindad con esa gran potencia que Dios les dio al lado, con un concepto moderno de la soberanía. Ustedes lo tienen que hacer. Si no, la opción la va a determinar Estados Unidos. Se las van a imponer desde afuera.

Yo conocí México en 1962. Conozco lo que fue el México de esa época, conozco el México que se abrió a las fronteras de la política. Hoy en día, México es un país mucho más democrático de lo que fue nunca. Esa es la verdad. Es un país con mucha más opinión pública; un país con una economía, con relaciones con el norte, cuando en mi época era inimaginable pensar que establecería un acuerdo con Estados Unidos. Hay que mostrar lo que es México y lo que podría ser México.

Se debe habilitar al ciudadano para que pueda ascender socialmente, preparándose, formándose y entrando al mundo de la empresa. La soberanía, en su sentido moderno, es algo más que la propiedad de una cosa, es la propiedad de un procedimiento, es la capacidad de vender, de tener calidad, lo que es importantísimo.

La dependencia económica es la peor de las dependencias. Si México no se hace poderoso social y económicamente, va a tener una soberanía muy reducida.

Hay que ofrecer a la gente joven la perspectiva de lo que podemos hacer juntos, partiendo de lo que se ha hecho, que no es poca cosa. ¿Cuántos premios Nobel tiene México? Tres: Alfonso García Robles, Octavio Paz y Mario Molina.

Existe una gran admiración por la fuerza que tiene México. Usted lo ve en la calle, lo ve en la prensa. La vida cultural de México me impacta. Eso tiene México; ese es el poder de la nación mexicana.

FELIPE GONZÁLEZ

España era una cuando González llegó a la presidencia de ese país con una votación récord, y era otra cuando finalmente dejó el cargo. Este sevillano fue capaz de modernizar España implementando reformas económicas liberales, combinadas con reformas sociales que ubicaron al país a la par del resto de los países de la Unión Europea.

Especialmente notable fue la transformación de la infraestructura carretera y urbana, simbolizada por el tren de alta velocidad, el AVE, inaugurado para la Exposición Universal de Sevilla.

Felipe González nació en Sevilla, en 1942. Se licenció en derecho en la universidad de su ciudad natal. En 1964 se afilió al Partido Socialista Obrero Español y, seis años después, figuraba ya como miembro del Comité Nacional y de la Comisión Ejecutiva. Dado que el PSOE estaba en la clandestinidad, González utilizaba el seudónimo de Isidoro.

Con la transición española a la democracia, Felipe González se convierte en diputado a Cortes y líder del partido mayoritario de la oposición en 1979. Fue uno de los líderes socialistas más insistentes en que el partido abandonara los postulados marxistas y evolucionara hacia la socialdemocracia reformista.

El 28 de octubre de 1982, con González al frente, el PSOE logra una histórica victoria, con 48.11 por ciento de los sufragios y 202 diputados, siendo la primera mayoría absoluta de un partido en la democracia española. Con ello, culminó el periodo histórico conocido como la transición y se inició la II Legislatura.

Felipe González gobernó España durante poco más de trece años. En ese tiempo, se produjo una asombrosa transformación del país.

El PSOE perdió las elecciones de 1994 y, tres años después, Felipe González renunció sorpresivamente a la secretaría general del partido. Un año después fue nombrado Hijo Predilecto de Andalucía.

Protagonista del cambio y la modernización de España, Felipe González es sinónimo de liderazgo, de audacia y de un carisma que lo ha llevado a recorrer el mundo, guiado por esa curiosidad casi insaciable que lo caracteriza. Es un hombre que fascina con su conversación clara y brillante, misma que da la impresión de ser inagotable en función de las muchas experiencias que la inspiran y de los hombres y mujeres de trascendencia histórica con los que ha contrapunteado dicha experiencia.

Tuve la suerte de coincidir con él en una luminosa mañana de verano. Ese primer café que bebimos juntos se convirtió en una larga y aleccionadora experiencia, y en el principio de un afecto que me permitiría coincidir con él en otras de sus tantas visitas a México.

Para este diálogo, Felipe González llegó tal cual es: sonriente, abierto a abordar cualquier agenda y siempre generoso con su tiempo y experiencias. Guiados por su genio, conversamos durante cerca de tres horas, estableciendo un diálogo excepcional y, por supuesto, inolvidable.

Hᴀʏ ǫᴜᴇ ɢᴏʙᴇʀɴᴀʀ ᴄᴏɴ ʟᴀ ʟᴇɢɪᴛɪᴍᴀᴄɪᴏ́ɴ ǫᴜᴇ ᴅᴀ ᴇʟ ᴠᴏᴛᴏ. Pero una vez que gobiernas, tienes que gobernar esa cosa rara y medio mágica: los intereses generales.

Mi llegada al gobierno se da en un momento crucial para la vida de España y de Europa. Existía una expectativa, una gran esperanza en un enorme sector de la población, aunque también había miedo y en algunos sectores "terror" por mi arribo al gobierno. Entonces decidí apostar por cuatro prioridades básicas e inevitables. La prioridad número uno era el fortalecimiento de la democracia. Veníamos de una etapa en la que Adolfo Suárez había hecho un enorme esfuerzo de supervivencia democrática. Consolidar la democracia suponía, entre otras muchas cosas, hacer una reforma militar profunda.

Una segunda prioridad era la modernización del aparato económico y productivo de España. Ello suponía un gran impulso liberalizador para una economía totalmente protegida. Había que establecer elementos de modernización del aparato productivo y de la economía. Debíamos crecer para redistribuir, o más bien crecer y redistribuir al mismo tiempo en medio de una pavorosa crisis económica, industrial y financiera, y con un ingreso de cuatro mil quinientos dólares per cápita. Teníamos exactamente el mismo per cápita que México a principios de la década de 1980.

La tercera prioridad era abrir España al mundo. El programa número uno era acabar el proceso de negociación para integrarnos a las comunidades europeas, y eso me tocó hacer. Se trataba de una apertura al mundo, de la ruptura de un asilamiento, de la salida como país democrático, fresco, con voluntad de desarrolló y modernización.

La cuarta prioridad era la descentralización del Estado, es decir, la construcción de un proceso de estado de las autonomías, previsto en la constitución. Desde la época de los Reyes Católicos, España se había construido con base en la unidad que implica exclusión de la otredad, exclusión de cualquier otra manifestación lingüística que no fuera el castellano como lengua unificadora, de cualquier manifestación religiosa que no fuera el catolicismo. Así sucedía desde los Reyes Católicos, desde la expulsión de los judíos y la expulsión de los moros.

No obstante, si uno no puede aceptar que el sentimiento de pertenencia de un catalán o de un vasco no es igual al de un andaluz o un castellano, no será capaz de comprender cuáles son los elementos de gobernanza real de España.

Las cuatro prioridades eran complejas desde el punto de vista de la resistencia lógica de la gente, que tenía temor —a veces racional y a veces irracional— de perder su estatus, sin referirme siquiera a los privilegios. Llegué al Gobierno en medio de una campaña terrible originada en una parte de la patronal; decían que íbamos a nacionalizar hasta la "tierra de las macetas". Fue terrible. Esto provocó además un pánico innecesario que derivó en que mucha gente se deshiciera de propiedades. Entonces, los acuerdos, los consensos y la confianza se volvieron fundamentales.

La gente piensa que ese propósito del gobierno salió bien porque conseguimos una mayoría absoluta —y la conseguimos por 202 diputados de 350, lo que no está nada mal.

Pactábamos todas las leyes que articulaban el espacio democrático.

No sólo había esa voluntad de pacto, de suma, de consenso. Por mi parte, había también una percepción de que las mayorías sociales (no las que me votaban sino las que no me votaban) también estaban de acuerdo con los objetivos. Les quiero decir que yo representaba no sólo a mis votantes, porque no se puede gobernar para los propios votantes. El caso es que en las cuatro prioridades estaban representados los intereses generales del país.

Es más importante la política en el sentido griego de la palabra, el de discurso, que como programa, porque en el programa cabe todo y suele terminar en una suerte de carta a los Reyes Magos en que se exaltan los derechos sin pedirle a la gente responsabilidades y obligaciones. Eso nunca funciona. Hay que saber qué discurso es el que la gente puede entender y con qué prioridades básicas nacionales se pueden identificar, independientemente de que hayan o no votado por uno. Es muy importante que las personas se puedan identificar con las prioridades básicas y que podamos explicar cada programa de gobierno.

Explicar qué está pasando en el mundo me parece extraordinariamente importante para comprender nuestra realidad. Y una manera de hacerlo es por medio de los estados de ánimo regionales del mundo.

Si voy a Asia, me doy cuenta de que su estado de ánimo responde a dos convicciones básicas: nunca hemos vivido mejor que ahora desde que tenemos memoria histórica; y el futuro nos pertenece, así que vamos a vivir mejor cada día. Eso da un estado de ánimo tremendo.

Ahora pongo el contrapunto y llego a Europa. Independientemente de que Europa sea la región del mundo donde se vive mejor en términos relativos, sea cual sea el parámetro que se utilice (espacios de libertad, espacio de convivencia pacífica, gran cohesión social, fantástica cultura, buena comida, monumentos y todo lo que queráis). Sin embargo, creemos que Europa ya no volverá a ser lo que fue. No sabemos en qué se convertirá y eso nos genera desasosiego e incertidumbre. Si preguntas a los europeos, ochenta por ciento cree que sus hijos no van a tener mejores oportunidades que ellos. Estamos exactamente ante el estado de ánimo contrario al que prevalece en Asia. Pero, claro, si paseas por Europa y paseas por cualquier parte de Asia, te das cuenta de que se vive mucho mejor en Europa.

En América Latina, sólo Brasil coincide en su estado de ánimo con Asia.

No importa cuál es el coeficiente de Gini, no importa cuáles son las desigualdades ni cuál es el PIB per cápita: el estado de ánimo de Brasil es asiático. El de Chile no está mal. Colombia está bien de estado de ánimo. México no. Por eso, uno no puede hablar de su realidad sin levantar la mirada y ver el mundo que le rodea. Y lo que nos rodea llega a Beijing, no sólo a Estados Unidos. Si quieres ver el mundo que te rodea tienes que levantar la mirada de verdad y México, con 120 millones de habitantes, no puede obsesionarse con mirar sólo su ombligo ni mirar únicamente a la frontera norte, por muchos problemas que tenga. México debe tener claro que la competencia se da entre el sur y el sur, que el mundo ha cambiado, que el desplazamiento a oriente del poder económico, del ahorro, de la producción, es un fenómeno histórico que va a continuar. México tiene que estar al tanto de que los mapas se pueden invertir.

En mis estudios, me sale México como uno de los nueve países que serán responsables del crecimiento de setenta por ciento de la economía mundial en los próximos 15 años. Yo tengo a México en la lista, pero no por capricho ni por afecto, sino porque me da en los estudios que hemos hecho.

El gran problema es que los mexicanos no se lo creen o que lo creen muy pocos. Hay algunos "perros verdes" o bichos raros que saben que ese potencial existe, pero lo normal es que no se lo crean. Por tanto, tienen un estado de ánimo que no es bueno.

Si el líder no es capaz de hacerse cargo del estado de ánimo de los demás, no puede cambiarlo. El primer paso es saber cuál es el estado de ánimo del otro. El segundo paso es tener muy claro el proyecto.

El liderazgo tiende a ser profesionalmente optimista y eso no sirve. La profesionalización del optimismo no funciona.

Un líder tiene que coordinar equipos humanos. No hay que confundir la lealtad con la obsecuencia personal. La lealtad es la lealtad al proyecto. La lealtad es ser capaz de decirle la verdad al líder aunque no le guste. La lealtad tiene cositas un poquito complicadas de administrar.

El liderazgo consiste en que tienes que elegir a los mejores, no a los que te digan sí.

Y cuando se elige a un genio, hay que aguantar las genialidades. Ese culto a la racionalidad no tiene en cuenta un componente humano fundamental y que no pertenece al mundo de la racionalidad.

Cuando yo decía que se gobierna en La Moncloa y no en Ferraz (que es la sede de mi partido), me entendían mis compañeros y el conjunto de la sociedad también. No puedes imaginar lo que supone para el conjunto de la sociedad el advertir que los intereses generales, que son mi chamba, se resuelven en la sede del gobierno y no en la sede de los partidos. Si se quiere vencer ese estado de ánimo negativo y hacerlo positivo, o mejorarlo si ya es positivo, la gente ha de pensar que tú crees en lo que estás haciendo. Y no me refiero únicamente a los liderazgos positivos, sino también a los negativos.

Para enfrentar la falta de aliento también es clave la construcción de acuerdos.

Cuando hablamos de consenso, me viene a mientes el asunto de la mitificación, tan similar a lo que pasa en México. Me refiero a los Pactos de La Moncloa, que se han mitificado. Los Pactos de La Moncloa tienen un sentido completamente distinto del que se le atribuye, y consistían en que había que pactar los elementos fundamentales que definían los intereses globales del país, cediendo cada uno lo que tenía que ceder para que el país pudiera salir adelante.

Lo que cambió a España no fueron los pactos en sí, fue la actitud de la gente, que nos llevó después a pactar la constitución y a pactar algunas reformas básicas.

Los ciudadanos de los países han sido centrales, en el sentido de dejar de ser emergentes. Cuando las fuerzas políticas básicas que los articulan renuncian a jugar con las "cosas de comer", aceptan que hay un espacio que se comparte. Hay muchas cosas que discutir, pero existe un espacio básico con el que no se juega. Puede haber un gobierno de un color o de otro, pero ese espacio se mantiene.

Entonces, la credibilidad de un país —que forma parte de ese elemento de confianza históricamente acumulable, tan importante para el futuro—depende de que haya cosas que pasen por encima de las etapas de gobierno, de las alternancias, de los cambios en las alternativas ideológicas (pluralismo). Ése es el requerimiento básico para la credibilidad del país y su previsibilidad de mediano y largo plazos.

Los gobiernos que no son previsibles, no atraen inversiones de mediano y largo plazo, ni de dentro de su país, ni provenientes del exterior.

El pacto se logra con liderazgos y con mucha paciencia. Uno tiene que hacer cosas que no son fáciles. Tienes que pactar con el que te puede sacar del poder. Pero, en principio, para pactar de verdad no lo puedes descalificar como alternativa de poder.

Aunque tu interlocutor no te merezca la misma confianza política, el país necesita que ese interlocutor, que es representativo de lo que sea (de veinte o cuarenta por ciento de la voluntad del país, por ejemplo) esté dentro del pacto. El ejercicio es muy difícil. Yo se lo advertía a mi partido: Se gobierna en La Moncloa, no se gobierna en la sede del partido. Gobernar desde La Moncloa quiere decir que, si llega alguien, aunque haya tenido una trayectoria de tal o de cual, debes pactar con base en los contenidos, no con base en los prejuicios personales.

En el arte de gobernar hay una cierta magia. El espacio sobre el que se gobierna es un espacio de pluralidad de ideas. En nuestros países hay tantas ideas como habitantes. También existe diversidad de identidades, de percepciones de la vida que dependen de identidades muy diversas y que coexisten en el espacio público que compartimos, mismo que llamamos España o México. Sin embargo, también nuestros países son ricos en intereses contrapuestos, contradictorios en lo inmediato y convergentes en lo mediato, porque los trabajadores pueden y deben ser reivindicativos, pero si la empresa se va al garete porque no compite internacionalmente, su exigencia es un esfuerzo que conduce a la melancolía. Y también existe el error de los empresarios cuando gobiernan, que confunden el espacio público compartido con el espacio privado de su empresa, donde no toman en cuenta ni la pluralidad ideológica, ni la divergencia de identidades, ni el conflicto de intereses.

El espacio público compartido, con todas esas contradicciones, necesita un proyecto nacional significativo para toda esa plu-

ralidad, diversidad y contradicción de intereses. La política tiene
un elemento mágico, de cohesión de contradicciones en el espacio
público compartido.

En el espacio público compartido se dice: "Yo me siento unido
a ese objetivo, aunque nunca votaría a este tipo".

Hoy en día, el tema de la seguridad, del crimen organizado y el
terrorismo toman un sitio protagónico en todos nuestros países. Me
refiero a la seguridad como un concepto integrado, con las contradicciones que he mencionado. Uno no vive la libertad de manera
razonablemente plena sin una seguridad física mínima; tampoco
la vivimos plenamente si no existe una seguridad razonable para la
familia en la vida cotidiana, en los negocios, en la administración.
Si no hay la seguridad, tampoco hay libertad suficiente. Pero no
debemos caer en el error de confundir autoridad con totalitarismo.

En 1977, recién había vivido la experiencia de Nueva York y
Moscú. La conclusión que entonces alcancé como ser humano fue:
"Prefiero vivir con libertad y con riesgo muriendo de un navajazo en
el Metro de Nueva York, que en la inmensa seguridad que me daría
Moscú". La conclusión resultó favorable a la democracia con todo y
sus riesgos, y no al totalitarismo. La democracia es otra con múltiples
variantes. Me da pena constatar que la fragilidad de los sistemas sin
libertad es mucho mayor que la de los sistemas democráticos.

Debido a la inseguridad, a México se le mira con desconfianza
desde el exterior.

Una vez tomada por el presidente Calderón la decisión de recuperar la soberanía sobre el territorio en términos de presencia
del Estado, todas las fuerzas políticas tienen que apoyarlo como
un solo hombre.

En el escenario actual, tras declarar el presidente Calderón
la guerra al narcotráfico, se sigue lógicamente que se deben incre-
mentar las labores de inteligencia. La lucha contra el terrorismo,
internacional o no, es ochenta y cinco por ciento labor de inteligencia y quince por ciento operación derivada de esta inteligencia.

El terrorismo pretende aterrorizar y, por tanto, dominar a la
población. Supone también un cuestionamiento de la presencia
soberana del Estado sobre el territorio. Por tanto, te obliga a tomar
una decisión. No puedes renunciar a estar presente en el territorio.

El presidente Calderón tiene razón cuando trata de mostrar estadísticas comparativas. Sus datos son correctos, pero lamento decir que la percepción no depende sólo de las estadísticas.

Yo voy a México y la información es una crónica roja de lo que pasa todos los días, con un lenguaje que además me choca. El lenguaje es extraordinariamente importante para la comunicación.

¿Por qué se dice que han sido ejecutados equis miembros de las fuerzas armadas, la policía o de lo que sea? ¿Ejecutados? Ejecutar a una persona no es lo mismo que asesinarla.

Los inversores saben lo mismo que yo. Si tuviera dinero para invertir, no haría caso a esa batalla más o menos mediática. Eso sí: se debe evitar el error de pensar que se nos mira con mala intención desde el extranjero, porque la información que se obtiene fuera del territorio mexicano y sus elementos de distorsión, provienen de México mismo. Esto es clarísimo.

Insisto: lo que a mí me sale con el análisis de un grupo de expertos, es que México va a ser de los países que tiran el carro de la economía mundial, junto con otros nueve, entre los que están China, Brasil, Rusia, Turquía, Sudáfrica. En estos países habrá crecimiento, por lo que debe haber inversión. Ésa es una realidad.

La otra realidad, la que vemos cada día en los medios, ¿se la inventa alguien en París? No. Esa realidad la lee uno todos los días en México.

El debate de fondo es el que me preocupa. Más de mil millones de dólares entran diariamente al gran mercado de consumo, y miles de millones de dólares en armas entran diariamente en dirección contraria. Las cantidades son demasiado grandes como para pensar que sólo por una declaración de guerra se va a acabar con el negocio. El marco de lucha contra ese fenómeno es de nivel internacional.

Se han descubierto cincuenta y ocho narcotúneles para pasar drogas por la frontera entre México y Estados Unidos. El cien por ciento de esos túneles ha sido descubierto por la "corrupta e ineficaz" policía de México, ninguno por la "eficaz e impecable" policía norteamericana.

Hay que cambiar el escenario del juego. La pelea contra el tráfico de droga, contra la criminalidad organizada, no es la pelea de México, es la pelea del mundo, empezando por el primer mercado de consumo de lo que pasa por México. El segundo es Europa.

Lo digo de manera brutal: Mientras que los muertos los ponga una parte y el consumo y la circulación de capitales otra, esto no tiene arreglo.

Lo digo con prudencia extrema: México es el país más complejo y difícil de conocer.

Es el más complejo, al menos entre los que yo he conocido en mi experiencia vital. Ni siquiera conozco a mexicanos especialistas en México, así que hablar de extranjeros especialistas en México es una "huevonería". El código de comunicación, de transmisión de señales, de entendimiento, el lenguaje corporal es más importante que la palabra. Lo único que uno se atreve a decir para no meter la pata, es que los matices son infinitos. Yo creo que México tiene una identidad más latinoamericana y unos intereses más norteamericanos, situación que vive contradictoria y angustiosamente, no como una ventaja.

Si los intereses del norte no se vivieran en México como una contradicción dramática, sino como una ventaja comparativa extraordinaria, estarían mucho más desahogados. México vive su relación con Estados Unidos como una carga, como una contradicción. Yo la convertiría en una ventaja.

Un país es central cuando es capaz de acceder a la red ofreciendo algo que represente valor para los demás. Compartir un espacio con Estados Unidos y con Canadá no puede dejar de ser una ventaja relativa, y una identidad cultural distinta también puede representar una ventaja relativa.

Es muy difícil que, en un pueblo de México, se muera un viejecito y los vecinos tarden dos meses en enterarse de que ha fallecido. Eso representa valor para un mexicano si se le compara con Estados Unidos, donde el respeto a la individualidad es tan grande que apenas se distingue la frontera entre el respeto y el abandono, aunque se tenga el PIB per cápita más grande del mundo.

Si alguien me tiene que cuidar y tengo ochenta y cinco años, si alguien tiene que ser mi vecino, por favor que sea un "metiche" latinoamericano y no un *wasp** que piense: "No me concierne".

Quiero regresar al tema de la condición humana, que es fundamental, incluso en la revolución tecnológica. El tipo mejor pagado como asesor de las empresas dedicadas al software, era un profesor de literatura especialista en Shakespeare. No sabía nada de computadoras pero era un gran especialista en la condición humana, y podía decir a un experto en software por qué ese producto iba o no a tener éxito.

En la revolución de Internet, la información se ha convertido en un bien parecido al aire. Es accesible universalmente. La información ya no es controlable. Lo importante, sobre todo para los líderes, es saber procesarla bien en pro de los objetivos operativos que se necesitan. Si se hubiera procesado correctamente la información disponible, no hubieran ocurrido los hechos del 11 de septiembre.

Aquella vieja verdad de que "la información es poder" hoy ha cambiado. Lo que es poder es el procesamiento inteligente de la información.

Los jóvenes me entienden, entre otras cosas porque no se creen los discursos políticos tradicionales. Han percibido que el mundo ha cambiado y que su futuro no depende de que un gobernante diga: "Yo voy a crear dos millones de puestos de trabajo".

La gente debe saber que el empleo lo crean los empleadores y que si no se dan las condiciones para que los empleadores desarrollen su iniciativa no habrá empleo.

Los jóvenes no nos creen porque lo que les decimos pertenece a un discurso político que no se corresponde con el mundo que ellos perciben a través de Internet. Yo creo que los jóvenes le tienen que pedir a los políticos que les abran espacios de oportunidad para su iniciativa creativa, emprendedora. De poco vale que se les mencione que determinado programa tiene empleos para todos. Si el joven tiene una iniciativa emprendedora en cualquier nivel,

---

* Siglas que significan *white anglo saxon-protestant*, es decir, anglosajón blanco y protestante, un acrónimo que se utiliza coloquialmente para referirse a los norteamericanos de supuesto origen británico y con alto estatus socioeconómico.

que haya un espacio de oportunidad para expresarla. El gobierno tiene que crear el espacio de oportunidad para que haya más empleadores, para que se respete el talento y se estimule, para que se respete la iniciativa y su riesgo. Habría que pedirle a nuestras universidades que no sólo transmitan cantidad y calidad de conocimientos, sino que entrenen a los muchachos para saber qué hacer con el conocimiento.

Que les digan: "Te entreno para que sepas transformar ese conocimiento en una oferta que resuelva tu propia vida, no para que obtengas un título y nada más". El título es parte del problema.

Una parte de nuestro sistema educativo sigue formando a gente en utopías regresivas ya fracasadas, en lugar de cumplir la verdadera función de la universidad, que consiste en abrir un espacio que anticipe futuro como verdadera vanguardia de la sociedad. Lo malo es que a veces, en lugar de anticipar futuro, anticipan lo que ya fracasó hace setenta años, formando ideologías caducas que no tienen nada que ver con la realidad.

El discurso de los derechos se agota si no tiene el equivalente en responsabilidades y obligaciones. Todas las campañas electorales son subastas de derechos en las que se olvidan las obligaciones.

¿Por qué no le podemos decir a la gente que tenemos que trabajar más y mejor si queremos competir? ¿Por qué no aclararles que no basta con ofrecer salarios baratos? ¿Por qué no recuperamos en la política un lenguaje que no sea "de madera" y que le diga a la gente la verdad? Éste es el primer paso para acercarse al estado de ánimo de la gente. Nosotros hacemos de la realidad una ficción y cada vez me aterran más los discursos políticos.

Cuesta mucho hablar con la verdad porque creemos que no es conveniente, que no da resultados en lo político. Estamos demasiado obsesionados por la idea de ganar unos cuantos votos más.

Sin duda, uno tiene que gobernar pensando en la siguiente generación, pero sin perder de vista que, para cambiar el país, se tienen que ganar las elecciones y no a la inversa. El objetivo no es obtener el poder sino saber que el poder es un instrumento de cambio.

Si uno pretende solamente "ganar el poder" y ya, estamos jodidos. La mitad de los políticos luchan por el poder y no por cambiarlo.

El poder marea. Oriana Fallaci le preguntó a un Andreotti ya muy mayor que había estado siempre en el poder: "¿Usted cree, como cree todo el mundo, que el poder desgasta?", y Andreotti respondió que sí, naturalmente, desgasta sobre todo al que no lo tiene.

Machado decía algo muy bonito: "Bájate de la peana para que veas la verdadera dimensión de tu estatura". El poder es una peana y si no eres capaz de aceptar que se trata de un ejercicio peligroso que implica desdoblarse y mirarse desde afuera, estás jodido. Lo estás desde el momento en que te montas en el pedestal creyendo que esa es tu altura.

CÉSAR GAVIRIA

La vida de César Gaviria ha estado marcada por su lucha contra la guerrilla y el narcotráfico. Era Jefe de Debate del precandidato liberal Luis Carlos Galán Sarmiento cuando éste fue asesinado por el narcotráfico. Con la muerte de Galán, Gaviria, entonces de 41 años, fue invitado a tomar las riendas de la candidatura a la presidencia de Colombia y, en marzo de 1990, logró una aplastante victoria.

César Gaviria nació el 31 de marzo de 1947. en Pereira, y entró temprano a la vida política colombiana, siempre ligado al Partido Liberal. Fue alcalde de su ciudad natal entre 1975 y 1976. Durante la administración de Julio César Turbay Ayala, se incorporó a la política nacional de su país como viceministro de Desarrollo Económico. El presidente Virgilio Barco Vargas lo nombró Ministro de Hacienda en 1986, hasta su renuncia como miembro del gabinete para ser Jefe de Debate del precandidato Luis Carlos Galán Sarmiento.

En 1990 toma posesión como presidente de Colombia, cargo que ejerce hasta 1994.

Entre sus logros sobresale la nueva constitución colombiana, que fue aprobada en julio de 1997. En ella se incluyeron nuevos mecanismos para la protección de los derechos humanos, para ampliar la participación democrática y para reformar la rama judicial del gobierno.

Luego de dejar la presidencia de su país, Gaviria fue electo como Secretario General de la Organización de Estados Americanos, OEA, en 1994 y reelecto para el mismo cargo en el periodo 1999-2004.

Mi primera invitación a Colombia tuvo lugar en noviembre de 1994. México estaba por enfrentar una de sus peores crisis económicas y Colombia tenía fuertes tensiones económicas y políticas. En Cartagena, inicié lo que se convertiría en una larga serie de viajes de trabajo a Colombia. Esto me permitió recorrerla casi tanto como he recorrido México. Arrancaba el gobierno del presidente Samper y, si bien no tuve la oportunidad de coincidir en su momento con el ex presidente César Gaviria, bien sabía de su incansable trabajo y presencia en los foros internacionales.

Lo conocí en Lima, Perú, siendo Secretario General de la Organización de Estados Americanos, OEA, y yo Secretaria de Desarrollo Social. Años más tarde, justo en el contexto de la decisión del presidente Felipe Calderón de enfrentar al crimen organizado, César Gaviria aceptó con gran sencillez y sin dificultad alguna dialogar conmigo en la ciudad de México.

Estamos ante un hombre de mente clara, directo, que no usa palabras de más. Habla con voz fuerte y segura. Siempre me miró fijamente y no hubo titubeo alguno en sus afirmaciones. Al despedirnos, me quedó la sensación de que quiere sentirse "más escuchado", por así decirlo, en nuestro país.

ENTONCES LA VIOLENCIA ABRIÓ UN ESPACIO PARA EL CAMBIO INSTITUCIONAL. Es como una oportunidad. Se creó una idea de que esto tiene que cambiar, de que tienen que cambiar las instituciones.

Desde muy joven fui concejal, alcalde de mi ciudad y luego resulté electo para el congreso por cuatro periodos. Estuve a cargo del Ministerio de Gobierno y eso me permitió laborar simultáneamente en el congreso y el gobierno. Gracias a esto, me pude hacer una muy buena idea de lo que era el país, los problemas y los grandes desafíos que enfrentaba.

Colombia nunca tuvo grandes crisis económicas porque era muy moderado en sus decisiones y el Estado era relativamente pequeño, pero teníamos dos problemas bastante serios. Éramos un país extraordinariamente cerrado en lo económico, con niveles de exportación muy bajos y con una economía muy controlada. El segundo problema que encontré era la necesidad de construir justicia en un Estado con mucha tradición de arbitrariedad. Nos fijamos entonces este doble propósito.

Colombia no tuvo un gran problema con la crisis de la deuda. Hice algunas reformas económicas profundas, pero al mismo tiempo nos metimos a hacer cambios en la constitución, sobre todo para fortalecer la justicia y la protección de los derechos. Entonces había muy poco respeto por los derechos de la gente, por los derechos humanos y por los derechos individuales, por lo que impulsamos mejoras en ambos sentidos.

El tema constitucional fue particularmente exitoso, primero porque logramos construir un aparato judicial que, pienso, es el que más ha avanzado en América Latina. Me refiero a la parte penal. Logramos crear un mecanismo expedito y muy sencillo para garantizar su funcionamiento.

Negociamos penas más fuertes y ofrecemos más dinero por la información. Eso ha servido para que la justicia penal de Colombia sea realmente temida. En Colombia, nuestra justicia mete a la cárcel a los gobernadores, a los alcaldes, a los parlamentarios y a los narcotraficantes. Ha sido, primero, muy positivo frente al narcotráfico y el crimen organizado. También lo ha sido para combatir la corrupción.

No hay impunidad y eso ha sido muy útil para la sociedad colombiana. Tenemos un sistema judicial que nos apoya bastante.

En el tema de los derechos, pues hubo un cambio fundamental. Muchos sectores contestatarios se apropiaron de la constitución como si les perteneciera. No se trata de una constitución de las élites, lo que ha sido factor para que la gente comparta el proyecto de país que la constitución perfila.

La constitución independizó el Banco Central, creó el derecho a la competencia y abrió la inversión en servicios públicos, que en México ha sido tan difícil.

El país tiene un esquema institucional respetado y apreciado por todo el mundo. La gente se queja de las autoridades, de las leyes, de la falta de presupuesto, pero no se queja de la estructura institucional.

Creamos por unos años un clima de mucha convergencia y por eso pudimos hacer muchas transformaciones económicas y políticas.

La violencia deslegitima a las instituciones. En Colombia, la década de 1980 fue un periodo de una gran violencia del narcotráfico más que de la guerrilla. El narcotráfico y los cárteles colombianos eran los poderosos, los que introducían la droga a Estados Unidos. Recibían el mayor volumen de plata y empezaron a matar a grandes dirigentes, hasta que asesinaron a Luis Carlos Galán, la figura política renovadora que había surgido en el país. Mataron magistrados, mataron un general y esto empezó a crear un clima de ilegitimidad y a crear las condiciones para el cambio político. Nació la convicción de que eso tenía que cambiar. Las cosas no podían seguir así.

Uno de los grandes temas era el de la impartición de justicia, porque la violencia fue llevando a la impunidad. Entonces, la violencia abrió un espacio para el cambio institucional. Fue como una oportunidad. Nació la idea de que la situación y las instituciones tenían que cambiar. Hubo tanta presión y fue tan importante llegar a un acuerdo de todos los sectores políticos representados en el congreso, que finalmente se abrió esa posibilidad.

El proceso de transición de la democracia en México es uno de los más exitosos del mundo (sin violencia, limpio, con legitimidad). Sin embargo, creo que México no ha podido encontrar un camino de gobernabilidad. Cuando digo "gobernabilidad" pienso en poder hacer las transformaciones que el país necesita, sin importar quién sea presidente.

Nosotros, en Colombia, a propósito de la violencia de mediados del siglo pasado, creamos un espíritu coalicionista que nos ha dado mucha gobernabilidad. En mi país no tiene nada de extraño que un presidente nombre un Gabinete de distintos partidos o que se hagan coaliciones. Todos los presidentes han tenido mayoría en el congreso sin importar quién haya sido el ganador.

Todos los presidentes colombianos han tenido gobernabilidad. En cambio, a México le ha dado mucho trabajo hacer acuerdos políticos que permitan acercarnos. No han habido grandes reformas a lo largo de estos años y me parece que el cambio político está un tanto refrenado.

Se necesitan cambios económicos, se necesitan cambios políticos. Algunas cosas son impopulares; la más obvia de todas es lo que les ha pasado con la energía. El único país del mundo que le mete ideología a la energía es México.

En Colombia hicimos respecto de la energía lo mismo que Brasil. Apenas se ha vendido diez por ciento de la empresa y al dejar de ser pública entró a un régimen privado. Volvimos accionistas a quinientos mil colombianos con ese diez por ciento. El resultado de esa empresa ha sido que la producción petrolera colombiana crece aceleradamente.

Desde de década de 1970 empezamos a trabajar en un mecanismo que ha sido muy eficaz: los contratos de asociación, es decir, los acuerdos entre la empresa estatal y las compañías internacionales para participar equitativamente en el descubrimiento de yacimientos.

En México, hay mucho poder monopólico que no se ha podido romper y es necesario hacerlo. Se requiere de más competencia en muchos sectores.

Y también falta tributación. No pueden seguir viviendo del petróleo. Es una industria que debe crecer a su ritmo, a su velocidad. Tienen que aprender a tributar.

Tenemos el mismo problema en toda América Latina. Logramos buena cobertura educativa, hemos mejorado mucho el gasto, pero es difícil convencer a la gente de que hay un grave problema de calidad. ¿Cómo creer que hay más satisfacción con la educación en México que en Japón o Estados Unidos? ¿Por qué sucede?

La gente se queja de diversos problemas, pero no siente que el país está creciendo mal. Eso no es un problema colectivo y lo debería ser, porque, para empezar, el resto de América Latina está creciendo mejor que México y el que debería estar creciendo bien es México, puesto que está conectado al principal mercado del mundo.

A la sociedad mexicana le está faltando sentido crítico. Hay críticas hacia el gobierno pero no hay crítica hacia la sociedad. Existe cierto sentido de complacencia.

La sociedad no se autocritica. Hay una suerte de escapismo que suele resultar muy cómodo. Si algo no está bien, la culpa es del gobierno del presidente, pero no hay un sentido crítico de lo que no está funcionando bien a nivel social y eso le está haciendo daño al país.

Otros países de América Latina han logrado avanzar más porque están cambiando más. En Brasil están mal muchas cosas, pero hoy, este país es el que más está aprovechando la agricultura. En

2025, la producción agrícola de Brasil va a sobrepasar a la de Estados Unidos. Será la agricultura más eficiente y grande del mundo. Esto demuestra que se volvieron un país de vanguardia en materia agrícola y eso lo están logrando con las mismas limitaciones de México, no con menos.

Otra cosa que sucede en México es que hay un sentido de que las cosas van bien si no hay crisis y esa es una idea supremamente equivocada, porque este país lleva treinta años creciendo medianamente. No es fácil de entender, pero hay conformidad.

A Brasil también le falta infraestructura, tiene problemas educativos realmente graves y padece inequidad social. Sin embargo, hay cosas que están haciendo bien y eso les da una dinámica de crecimiento enorme.

Brasil ha sido un país mucho más estatista que México. Ellos importaban energía. Con la llegada de las crisis energéticas, tomaron la decisión de apostar por el etanol y lograron hacer de eso una fuente de energía importante. Digamos que México tiene que pensar en esos términos.

Creo que a los distintos gobiernos en México les ha faltado hacer un esfuerzo mucho mayor por convencer a la gente de que hay un problema muy serio. Lo que está en peligro es el futuro del país. Poco a poco se van generando monopolios públicos, monopolios privados, monopolios sindicales; y eso es un problema muy serio. En otros países se ha logrado avanzar más.

Uno cree que la gente sabe cuáles son los problemas y eso no necesariamente es cierto. No basta con que la élite dirigente tenga voluntad si la ciudadanía no cree en la gravedad de esos problemas, pues no hay presión suficiente sobre los partidos políticos para solucionarlos. Lo mismo sucede con los problemas relativos a la educación, a la energía y a la competencia.

Por ejemplo, no se trata de volver "malos" a los empresarios. Esa siempre es una política equivocada. Se trata de crear una regulación que estimule el desarrollo de la competencia.

Los gobiernos de México, a lo largo de los últimos veinte años, han sido tímidos en la agenda de reformas. Creo que un gobierno tiene que llegar y presentar cuatro, cinco o seis grandes reformas que resuelvan y tratar de meterlas en un solo paquete. Se debe crear conciencia para poder armar una coalición y sacarlas adelante sin importar cuántas transacciones se tengan que realizar.

Uno tiene que trabajar simultáneamente en un proceso de cambio político y social. Se debe ser muy ambicioso. Esa es la única manera de crear una coyuntura de cambio. Es más difícil el cambio lento y gradual.

Creo que si uno desea que se produzca una coyuntura de cambio grande, se necesita presentar simultáneamente varias reformas muy ambiciosas. Lo que le falta al país es un proyecto en que un gobierno tenga muchas iniciativas simultáneas y que todas sean ambiciosas. Así se crea una coyuntura de cambio político importante.

Antes, el presidente de México tenía un inmenso poder. Hoy, el presidente tiene que "vender" sus ideas, carece del poder para organizar las cosas y debe convencer a la gente. A mí no me gustan las expresiones retóricas (un "proyecto de país", un "proyecto de nación"). Lo que se necesita es una agenda muy ambiciosa de reformas.

Hay que tratar de evitar las simplificaciones —que si México es de Latinoamérica, o que si es de América del Norte, etcétera. Esta discusión no sirve para nada. México está más ligado económicamente a América del Norte, pero también tiene que pensar que los países de Centro y Sudamérica se están volviendo un gran mercado, una economía dinámica. A México le conviene aproximarse.

Latinoamérica en su totalidad es demasiado heterogénea para pensar que podemos actuar colectivamente o que tenemos intereses colectivos. Yo creo que ese es un enfoque equivocado.

En Latinoamérica hay mucho respeto hacia lo que es México. No hay mucha conciencia de la dificultad que México está enfrentando para crecer. Hoy existe sorpresa ante la tremenda violencia, por el narcotráfico. No se comprende ante qué se demoraron tanto para enfrentar el problema. A los colombianos nos pasó igual: nos demoramos para enfrentar el problema. Cuando lo enfrentamos, ya era de dimensiones gigantescas.

He visto varios de los cambios que ha propuesto el presidente Calderón. Comparto plenamente su decisión de enfrentar a los cárteles de la droga.

Pero aquí hace falta velocidad. No es que falte rumbo; no es que las decisiones que se estén tomando sean incorrectas. Lo que falta es velocidad y sentido de unidad, porque el país se acostumbró a ser presidencialista, a que la responsabilidad fuera del presidente, que todo es asunto del presidente, y eso hace mucho daño social.

Están convencidos de que el problema del narcotráfico es un problema de corrupción policiaca, lo que significa un diagnóstico muy pobre y errado, porque aquí debe estar pasando lo que pasó en Colombia. El narcotráfico se metió por todas partes; se metió a la política, se metió a la justicia.

Es ingenuo creer que lo único que se corrompió fue la policía. No. La justicia, que es un componente fundamental en la lucha contra el crimen organizado, también tiene espacios de corrupción y debemos hacer que funcione.

A mí me gustaría ver que el presidente de Colombia y el presidente de México asumieran una posición más crítica, para asegurarnos de que haya un verdadero debate sobre la lucha contra las drogas en Estados Unidos. Ellos están gastando todos sus recursos públicos en jueces, policías y cárceles. Han triplicado la población carcelaria del país, pero hacen muy poca prevención y tratamiento. Definieron el problema del consumo como un delito y no ha pasado nada. Creyeron que el problema se podía resolver en Colombia, en México, en Perú o en Bolivia.

Lo más grave para México y Colombia es que todo este esfuerzo, en gran medida, responde a una política fallida. La política contra la droga de Estados Unidos es una política fallida que no tiene resultados ostensibles. Poseen el consumo más alto del mundo, per cápita y en cualquier término.

Yo creo que México y Colombia tienen autoridad moral, que han hecho un sacrificio descomunal. Me parece que tienen el mínimo derecho de decirle a Estados Unidos: "Oigan señores, hagan un debate sobre su política de drogas".

Lo que le daría viabilidad en el largo plazo al esfuerzo de nuestros países, es ver que Estados Unidos también hace un gran esfuerzo por cambiar su política.

A mí no me gusta la palabra legalización. Me opongo a ella radicalmente. Es un asunto de definir el consumo de drogas como un problema de salud y no como un problema criminal. No basta con descriminalizar el consumo de drogas. Hay que ayudar a los adictos. Hay que crear centros de la sociedad civil donde los adictos puedan ir y les den droga bajo control médico para liberarlos de la red criminal. Esa es la solución.

Hay que empezar a pensar si se justifica, como hacen en Estados Unidos, meter a un muchacho a la cárcel cinco años o siete años porque consumió marihuana, mientras medio país la está "legalizando".

Estados Unidos considera que hay éxitos en la lucha contra las drogas cuando el precio de la droga sube en las calles de Nueva York o de Los Ángeles. Yo creo que eso para nosotros es una mala noticia. Para ellos será buena, pero para nosotros es mala, porque eso sólo significa que el negocio va a crecer, que va a haber más muertos. Tenemos que decir a Estados Unidos: "Debemos crear otros patrones para medir el éxito de la lucha contra las drogas. No lo pueden seguir midiendo en precios, que además casi siempre son inventados o son fugaces".

Por ello creo también que México tiene que volver el tema del narcotráfico un componente fundamental de su política internacional. Le tiene que exigir a los europeos que también tienen que hacer una política de reducción del consumo, porque ellos no hacen lo suficiente.

En lugar de decir que hay que legalizar las drogas —lo que crea confusión, dando la impresión de que las drogas no hacen daño o que no se van a controlar—, se debe empezar a considerar el consumo de drogas como un problema de salud, no un problema criminal. Ése es realmente el planteamiento de fondo.

Todos los principales medios de comunicación escritos de Estados Unidos se han declarado en contra de la política antidrogas de Estados Unidos. Estamos diciendo algo que los medios más influyentes le están diciendo a sus lectores y a su gobierno.

El problema con la legalización es que es una cosa simplista, inviable políticamente. Si queremos que nuestras políticas sean viables y que nuestros pueblos asuman ese sacrificio del enfrentamiento al crimen organizado, tienen que darse cuenta de que se implementará una política que va a producir resultados, que va a ayudar a resolver un problema.

Para concluir, frente a los jóvenes y frente a todos los ciudadanos, la sociedad mexicana necesita ser más crítica, ser más exigente y participativa.

El presidencialismo tradicional de México tenía el enorme peligro de que no constituía una política participativa. La ciudadanía contaba con las ideas de un gobierno o de un partido. Eso cambió, y también hay que cambiar la política. Me parece que los mexicanos no están exigiendo lo suficiente. Aquí la gente está tranquila, satisfecha, con que no haya crisis, y eso me parece fatal.

En México existe un sentido de autocomplacencia que, creo, le hace mucho daño al país.

JULIO MARÍA SANGUINETTI

A los 27 años, Julio María Sanguinetti era diputado de la republica por el Partido Colorado. Llegaría a ser diputado tres veces, dos veces ministro, una vez senador. Fue Presidente de la República del Uruguay en dos ocasiones. Es abogado, historiador, periodista, y político.

Nació en 1936, en el seno de una familia de inmigrantes italianos. Su primera actividad profesional fue la de periodista en el semanario *Canelones*. Luego, se desempeñó como columnista en el diario *Acción* y como redactor político en *El Día*. Colaboró en el semanario latinoamericano *Visión* y fue fundador del semanario *Correo de los Viernes*. Desde 1991, es columnista de la agencia EFE y de *El País*.

Sanguinetti ha sido protagonista de la política uruguaya desde principios de los años sesenta. En el Partido Colorado, de derecha y socialdemócrata, Sanguinetti fue tres veces diputado antes de que, en 1969, fuera nombrado ministro de Industria y Comercio y, en 1972, ministro de Educación y Cultura. Desde esa cartera propició, en 1972, la Ley General de Educación No. 14.101, que introdujo cambios sustanciales en la educación pública uruguaya.

Para oponerse a un golpe de estado por parte de los militares, renuncia al Ministerio de Educación en junio de 1973 y, luego de trece años de dictadura, en noviembre de 1984, gana las elecciones presidenciales convirtiéndose en el primer mandatario civil después del golpe militar.

Al término de su primer periodo como presidente, entrega el mando a Luis Alberto Lacalle y regresa a sus actividades como periodista y escritor. En noviembre de 1994, vuelve a ser electo Presidente de la República, cargo que desempeñó hasta marzo de 1995.

Sanguinetti ha dirigido seminarios sobre América Latina en las universidades de Georgetown y en la Complutense de Madrid. En la actualidad, forma parte del consejo consultivo de la Fundación Internacional de Jóvenes Líderes.

Con puntualidad "inglesa" llegó Julio Sanguinetti a nuestra cita en la ciudad de México. No hubo precipitación en su hablar. Por el contrario, conversamos con tono seguro y pausado sobre su visión global de América Latina, del mundo y, por supuesto, de México.

Con extraordinaria claridad, ponía sobre la mesa esos "fantasmas" de un pasado que no se ha superado del todo y reconocía que México debe vivir sin "contradicción" su relación con Estados Unidos. También debemos reconocer la identidad que nos une medularmente y para siempre con América Latina.

Subrayó la urgencia de fortalecer las instituciones, de conseguir liderazgos poderosos y advirtió sobre los riesgos del populismo mesiánico y de una nostalgia que no permite despegarnos del pasado autoritario.

Asimismo, compartió sus preocupaciones por una América Latina que opta por cerrarse y excluir al resto, todo esto sin dejar de lado los diversos caminos que prometen un futuro mejor y más esperanzador.

LA INSTITUCIONALIDAD REQUIERE DE CIUDADANÍA. Si no hay un ciudadano que la entienda, la asuma y la defienda, la institucionalidad
es imposible.

Sudamérica ha recibido el impacto benéfico de un mercado
exterior extraordinariamente favorable. Los últimos siete años estamos viviendo una situación inédita, la mejor desde el punto de
vista del comercio exterior en toda nuestra historia.

Eso ha generado, naturalmente, alguna mejoría en la región.
Es importante también la sensación de euforia, que tiene algo de
bueno en cuanto al optimismo, aunque también algo de malo en
cuanto a la creencia equivocada de que es mérito propio y no una
corriente del mundo que esta vez nos es favorable. Estamos tan acos-
tumbrados a pensar que las corrientes exteriores siempre van a resultar negativas, que nos cuesta imaginar que ahora sean favorables.

México, precisamente por tener una mayor vinculación a la
economía norteamericana, no se ha beneficiado tanto de esta corriente del mundo que hoy estamos disfrutando en América.

La segunda apreciación que deseo hacer es que, desde el
punto de vista de nuestra estructura regional, creo que hemos re-

trocedido y no avanzado. Pienso que la creación de Unasur* como estructura política es un retroceso desde el punto de vista de la región. Esta idea —que nació en Brasil— implica en definitiva tener una OEA sin Estados Unidos y México. Desde el punto de vista de la vertebración de la región, hemos retrocedido.

Tenemos una fragmentación muy fuerte al interior mismo de Unasur, porque están estos países llamados "de la ALBA",** que encabeza Venezuela y que integran además Cuba, Ecuador, Nicaragua y Bolivia, mismos que marcan una distancia con relación al resto. La distancia se advierte en dos ámbitos: en el internacional, en cuanto Venezuela tiene su *leitmotiv* en el combate a Estados Unidos, y en la retórica antinorteamericana como elemento central de su política exterior; y por otro, en una concepción populista de la organización política.

Cuando digo "populista" hablo en el sentido clásico de una estructura política que funciona dentro de la formalidad democrática, pero que ubica un líder mesiánico más allá de la formalidad, diluye el concepto de representación parlamentaria a través del Estado, de asamblea de pueblo en la calle como representación legítima, y el uso del presupuesto como sostén de esa doble estructura de líder y asamblea popular.

Este panorama no es el más optimista. Se está acompasando el gran momento económico con estructuras institucionales que nos permitan acercarnos a lo que ha sido la prédica histórica de buscar una América Latina como una región integrada y que funcione como tal.

Algunos sectores del lado sur tratan de impulsar la idea de que México está demasiado adherido a Estados Unidos, lo cual es una visión muy equivocada.

México tiene una identidad histórica muy fuerte, muy vigorosa, que no significa de ningún modo un alejamiento de América Latina como concepto y una incorporación a una presunta unidad con América del Norte.

---

* Unión de Naciones Suramericanas. Los países miembros son: Argentina, Brasil, Bolivia, Colombia, Chile, Ecuador, Guyana, Paraguay, Perú, Surinam, Uruguay, Venezuela.
** Alianza Bolivariana para los Pueblos de Nuestra América.

Desgraciadamente aquí operan los prejuicios y los viejos fantasmas latinoamericanos del antiyanquismo, que todavía se agitan en ese tipo de concepciones "esloganísticas", más que de concepción doctrinaria. Porque son eslogans, frases hechas, la sospecha constante, la sospecha permanente, un nacionalismo de visión estrecha, una mirada nostálgica hacia las utopías perdidas.

Desde la caída del muro de Berlín, hay toda una corriente de pensamiento y de vida política que ha quedado sin referencia. La brújula no les marca ningún norte. Lo que uno ve es un fuerte pasaje de las izquierdas tradicionales hacia el centro. El mejor ejemplo de esto es Brasil. Lula disfruta hoy de la popularidad porque aparece como la figura ideal que, digamos en el "viejo código", es adorada por la "derecha" porque ha tenido la política económica más ortodoxa de América. Por otro lado, se le adora también por ser el primer obrero del nordeste pobre de Brasil que llega a la presidencia, lo que representa un sueño para la "izquierda", de modo que es el ingrediente "ideal".

Como además el hombre es simpático, ocurrente y dice frases muy divertidas, es el personaje mayor. Lula nunca fue demasiado de izquierda sino más bien un gremialista negociador Sin embargo, hoy el PT ha desarrollado una política que es aún más ortodoxa que la que se venía realizando con Fernando Henrique Cardoso, en cuyo régimen se dio en realidad el momento del cambio.

El elemento cualitativo en la actual realidad brasileña se produce por tres factores: el primero es asentar una institucionalidad. En segundo lugar, Brasil dejó de ser un país endémicamente inflacionario. Y en tercer lugar, comenzó a abrir su economía. Brasil hoy está de moda, pero no es oro todo lo que reluce.

No está completado el proceso. Brasil ha crecido mucho en su exportación, pero sigue teniendo una economía relativamente cerrada. Brasil, que hace setenta años era la mitad de la economía argentina, hoy es cinco veces la economía argentina. Lo que ocurrió es que, cuando Brasil sintió que había terminado su competencia con Argentina, se encontró con que México había crecido mucho y entonces nació este invento, Unasur. Estableció su liderazgo en el sur.

Brasil está de moda, pero también tiene que superar enormes contradicciones, porque sus exportaciones han crecido, pero sigue siendo la economía más cerrada. El comercio exterior significa 23 por ciento del PIB brasileño. En México, hoy por hoy, representa 40 por ciento.

Brasil produce aviones de combate que le vende a Inglaterra pero tiene un caos aeronáutico interno que le ha costado muchísimo. Petrobras, a valor de bolsa, vale más que el PIB argentino, pero por otro lado están destruyendo la Amazonia a un ritmo sostenido.

Brasil tiene aún muchas contradicciones y tiene también algunas necesidades que son comunes (y en esto también apuntan hacia México), como es el tema de la educación.

Hay un cambio de civilización. ¿Por qué cae el mundo socialista? Porque no estuvo a la altura de la sociedad del conocimiento, de la información. No pudo competir tecnológicamente en el mundo actual de satélites y de informática y, como consecuencia, se rezagó hasta un punto en que cayó. Es el primer imperio que se cae solo, sin un disparo.

Cuando uno mira los mecanismos de evaluación de la educación, quienes parecen adelante hoy, por encima incluso de las grandes potencias, como Alemania o Estados Unidos o Francia, son Corea y Finlandia, es decir, los países que han quebrado la barrera del subdesarrollo. Aparece Hong Kong, aparece Taiwán. Entonces, ¿cómo es posible que los chicos de quince o dieciséis años de esos países, estén más formados en matemáticas, ciencia y en su propia lengua, que los de Francia o los de Estados Unidos?

No hubo ningún milagro, sino que hay una explicación muy racional: es la gente mejor formada. Son los países que han formado mejor a su nueva generación y eso nos cuesta asumirlo. Tenemos gremios de profesores que reducen su horizonte a reclamar presupuesto, porque todo el tema empieza y termina en presupuesto. De calidad nadie habla.

Los políticos manejan presupuestos en medio de presiones y teniendo la necesidad de equilibrar unas cosas con las otras, pero muchas veces con la imposibilidad de alcanzar la inversión necesaria. Lo malo es que aun los que no teníamos rezago nos hemos rezagado, porque el mundo nos impuso desafíos en los que no estuvimos a la altura.

Cuando el tema de la educación era alfabetizar con la escuela primaria, fuimos una vanguardia en la escuela. Pero cuando la evolución de la economía nos impuso llegar a la enseñanza media, universalizar la enseñanza media y masificar la enseñanza media, ahí fue donde perdimos el rumbo.

Entonces la gran escuela pública primaria, de vanguardia, no se proyectó como tal hacia la enseñanza media, que hoy es el agujero negro de toda América Latina.

Tenemos veinte por ciento de muchachos que ni estudian ni trabajan. Si no se resuelve ese tema no podemos pensar en tener realmente una economía madura, ni tampoco sociedades equilibradas, porque la actual economía del conocimiento no perdona. En la vieja economía, los sectores menos calificados eran funcionales al sistema; trabajaban por bajo salario pero se incorporaban al sistema. Hoy, el aspirante a trabajador no calificado no es funcional al sistema. El sistema lo arroja "para fuera". No es un tema de salario. Usted va a un puerto en estos días y ya no existe la pandilla de estibadores, los que cargan bolsas, los que manejan la vieja grúa. Hoy, "los jodidos" van a un puerto y lo que encuentran es como un juego de Matchbox. Toda una operación científica y tecnológica totalmente computarizada. Ya no hay más aquello de vamos al puerto a cargar bolsas. Ese sector de la población ya no es pobre, es excluido.

Ése es el caldo de cultivo de la violencia, del narcotráfico. Es la generación de un sector que, naturalmente, como siente que la sociedad no le da un lugar, va a ser agresivo contra ella.

Ahí es donde todas las regiones tenemos un desafío: en la educación. Los cambios son lentos, porque siempre los cambios educativos y culturales son más lentos que los materiales. Normalmente requieren del transcurso de una generación. Eso hace también a los profesores un elemento muy conservador y extraordinariamente resistente al cambio. Porque ningún profesor asume que hoy él tiene que ser más estudiante que profesor. Que tiene que reciclarse para unos modos de enseñar y para conocer unos contenidos de educación que no son aquellos en los que se formó. Entonces, ahí tenemos el desafío mayor en una perspectiva de mediano plazo: educación.

Un segundo factor es la institucionalidad. Ése es un tema muy fuerte también y se vincula a todo el conjunto. Sin una institucionalidad fuerte y realmente sentida como tal, no hay seguridad. No se siente amparado ni el inversor, ni el trabajador, ni el ciudadano común, ni la madre que trata de educar mejor a sus hijos.

En la institucionalidad —no sólo como arquitectura jurídica sino como el ejercicio efectivo de la norma, como código de comportamiento—, la única ley que vale es la incorporada al hábito. Ya lo decía el amigo Aristóteles hace unos cuantos siglos.

Lo vive México estos días. Toda esta guerra que se vive con el narcotráfico es una expresión de la batalla de la institucionalidad. A veces se le mira de modo anecdótico o de un modo simplemente policiaco, y no es así. Aquí aparecen déficits muy fuertes.

Esa batalla por la institucionalidad tiene que ganarse necesariamente, aunque implica sacrificios y no siempre es comprendida. En general, la institucionalidad es un déficit en América Latina.

Hay pocos países con una institucionalidad asumida más o menos históricamente. Pero lentamente se va dando la incorporación de una ciudadanía cada vez más activa. Se trata del proceso que está ocurriendo en México. Es una transición que se inició con la institucionalidad electoral, con esas reformas que México estaba requiriendo desde hacía muchos años y que le han dado este cambio y este paso hacia la civilidad.

Hoy crecen corrientes "legalizadoras" del fenómeno de la droga. En el fondo son actitudes de resignación. Es decir: como no puedo, me resigno y convivo.

Y eso no va a resolver el problema social, ni el problema sanitario. No creo que tampoco vaya a resolver el problema de la institucionalidad. El narcotráfico simplemente se va a mimetizar, se va a adaptar. Venderá drogas de menos calidad a la gente más pobre y competirá con la estructura formal de la droga en una sociedad a la cual le habremos dado el mensaje de que la droga no es el enemigo. Yo no advierto aún las razones por las cuales esta legalización sea hoy buen camino de solución. Es un atajo para aliviar el tema policial.

Como todos los cambios culturales, la institucionalidad requiere tiempo, requiere asentarse, requiere formar gente nueva. Requiere la incorporación de generaciones ya formadas en esto y no en la práctica anterior. Yo creo que México lo va a seguir logrando. Hoy no veo amenazas institucionales.

Hay que caminar mucho por el sendero de la institucionalidad, y esto también tiene una implicación económica. Porque si no hay institucionalidad sólida y que se sienta, que se ejerza efectivamente, no existen las condiciones de seguridad que la inversión requiere. Hay la inversión de alto riesgo nada más, es decir, aquella que invierte con expectativas grandes de ganancia, que asume un riesgo elevado por la inseguridad. Pero eso no lleva al nivel de inversión que debe tener un país para dar un salto cualitativo, como el que ya viene dando México, pero que tendría que afianzarse muchísimo más.

Para avanzar en la institucionalidad moderna es necesario construir acuerdos. Los momentos de concordia o de entendimiento nacional, con carácter realmente nacional, son el resultado de una cultura previamente desarrollada.

Uruguay es un país con una larga tradición democrática. Había una cultura cívica preexistente que hacía que ni aun los que estaban ejerciendo la dictadura pudieran rebasarla. Éste es un ingrediente muy fuerte a favor.

¿Por qué España pudo? Porque España había sufrido la pedagogía espantosa de una guerra civil con algo así como de un millón de muertos y cuarenta años de una dictadura medieval, como era la de Franco.

Yo diría que don Manuel Fraga Iribarne puede ser un poco el símbolo de ese cambio dentro del viejo franquismo. Ya se sentía que aquello había terminado y que venía un país nuevo que era inevitable. España pudo hacer lo que hizo porque se encontró con un viejo franquismo reciclado hacia la democracia, con un socialismo que había abandonado al marxismo. Toda esta maduración fue la que produjo los famosos Acuerdos de La Moncloa y todo lo que siguió después.

Lo que debemos entender en países como México, es que el sistema requiere de discrepancias y de concordancias, y que hay cosas que ya no debieran discutirse.

En el terreno económico, son: la necesidad de la convivencia del Estado con la empresa privada, la necesidad de la coordinación de ambos sectores o de la asociación en muchos espacios para seguir adelante; los equilibrios fiscales, la necesidad de una fiscalidad fuerte y organizada. México tiene todavía mucho déficit en lo fiscal y una recaudación muy baja, y con una baja recaudación fiscal no puede haber desarrollo social fuerte. Eso es axiomático. Es decir, estas cosas ya no debieran ser elementos de debate.

Con el correr de los años ha quedado claro que hoy ya no debe discutir nadie que la inflación es el peor impuesto a los pobres. Debieran ser consensos básicos más allá del debate.

Tenemos que discutir grados de una cosa y de la otra. Grados de lo privado, grados de lo público. Tenemos que discutir los mecanismos de distribución. Hay quienes creen más en la distribución espontánea de la economía. Hay quienes creemos que el Estado tiene un rol imprescindible en la distribución del ingreso. Esto sí es materia de debate, pero no debieran de serlo las otras cosas. Y no debiera serlo la institucionalidad básica. Pero ahí es donde son muy importantes los liderazgos.

Los liderazgos son fenómenos insustituibles. Y nosotros, en Latinoamérica, a veces tenemos una tradición caudillista. El caudillismo tiene mucho de mesiánico porque tiene un ingrediente que no es racional. El caudillo no es necesariamente el más inteligente y el mejor preparado para el gobierno, sino aquel que logra una adhesión sostenida de la gente por factores diversos, algunos racionales y otros no.

Pero no todos los líderes son así. Si usted mira a Europa o a Estados Unidos, no hay sistemas sin liderazgos, no hay economías sin liderazgos. La gran crisis del capitalismo norteamericano sobrevino por falta de liderazgo económico. Ése es un gran déficit, porque es una iglesia sin cura, un capitalismo sin capitalistas, porque los que lo manejan no están arriesgando su capital, que es la esencia del capitalismo.

El fenómeno del liderazgo es absolutamente imprescindible en el funcionamiento social, cosa que no siempre se advierte en nuestras sociedades. Miremos Inglaterra y uno se percata de que los liderazgos no son sustituibles y que incluso son funcionales a los momentos históricos. Winston Churchill, quizá el líder más fuerte en los momentos de peligro, nunca logró ser líder en momentos de paz. Siendo imprescindibles, el tema es que los liderazgos tienen que ser modernos y no manejar al Estado como un patrimonio propio. Venezuela es el ejemplo más acabado de eso, donde se maneja el Estado como un patrimonio personal. Hay lo que se llama la legitimidad de origen y de ésta deriva la ilegitimidad de ejercicio.

México está haciendo una transición. Mi impresión es que la ha hecho muy bien, porque con México pasaba un poco como con España: ¿qué va a pasar el día que se vaya Franco? ¿Qué va a pasar el día en que pierda el PRI? México no se cayó en ningún lado, sino que felizmente ha tenido dos gobiernos postPRI y el futuro lo irá construyendo. Ya nadie más está pensando en términos de que estamos al borde del abismo. No estamos más al borde del abismo. Estamos construyendo una normalidad.

Quizá falte diálogo porque no existe la tradición del diálogo y es algo que hay que construir. México tiene que construir la tradición del diálogo, lo que llamaríamos la ética reformista, la moral del cambio evolutivo. México todavía sobrevive de su vieja tradición: la cosa en blanco y negro.

Prevalece la siguiente concepción hegemónica: "Yo gobierno, tú te opones y tú eres el enemigo, no mi socio en la construcción de una sociedad política en la cual convivimos". La sociedad todavía siente que el que dialoga lo va a hacer porque está débil. Esto es lo que tiene que cambiar: si dialoga es porque se siente con fuerza para negociar, para que el diálogo no sea sólo una conversación sino una instancia de realización, de productos negociables.

Si no hay entendimientos mínimos, al final esa condición termina convirtiéndose un buen bumerang que amenaza a todos.

Porque si todos aspiramos a gobernar la misma máquina, queremos que la máquina funcione y que tenga suficiente combustible. Y si no hay combustible, después la máquina va a ser una maquinita que simplemente nos va frustrar el día en que los hoy opositores estén en el gobierno.

Imagino que tendrán que venir los consensos y la necesaria maduración de la gente, de la ciudadanía. El civismo lo tenemos que enseñar en el ejercicio. Un viejo maestro decía: "Yo conozco muchos sabios humanistas que son analfabetas cívicos, y conozco analfabetas literarios que son sabios políticos".

Desgraciadamente, en nuestros países todavía arrastramos mucho de la cultura del "chivo expiatorio"; toda la culpa la tienen los demás. La tuvieron los españoles, después los norteamericanos, los ingleses en otro momento, los franceses, los capitalistas. Nosotros, por el contrario, somos perfectos, buenos, inteligentes, generosos; no logramos la cosa porque la diabólica fuerza que hay por otro lado nos lo impide. Creo que es todavía una sobrevivencia del estado de adolescencia que nuestras sociedades aún padecen.

La característica de adolescencia es la discusión del ser y no la discusión del hacer. Entonces todavía en nuestros países estamos discutiendo qué es lo que somos y siempre estamos buscando un chivo expiatorio que limpie nuestra conciencia.

Sin embargo, de repente, justamente hay un líder que encarna el diálogo y eso pasa a ser su activo. No van a darse los cambios sin líderes que los representen, no van a ocurrir solos. Vuelvo a decir "diálogo" no como simple conversación, sino como objetivo, como instrumento para encontrar realmente los acuerdos eficaces que promueven el desarrollo.

Lo importante es que nos saquemos de la cabeza esos "chivos expiatorios", esos atajos que nos van a conducir milagrosamente a la prosperidad. Esa idea de que sin el esfuerzo sostenido se pueden alcanzar logros importantes, le ha hecho mucho daño a la psicología de los países con petróleo.

El petróleo es tan poderoso, brinda tanta riqueza y da tan poco trabajo, que termina por inculcar a la sociedad la idea de que se puede ser rico sin esfuerzo.

Para terminar, diría a los jóvenes mexicanos que tengan fe en sí mismos, que sean fuertes, que se sientan fuertes para hacer aquello a lo que realmente aspiran, aquello con lo que sueñan. Que no se sientan débiles. Por el contrario: que sientan que son ellos los que van a construir su propia vida.

Muchas veces van a sentir la angustia, el desfallecimiento que provoca el que no siempre sea posible compatibilizar una cosa con las otras. Pero deben saber que ninguna sociedad exitosa de la historia ha podido serlo sin una juventud convencida del proyecto del momento. No hay siglo de Pericles o siglo de Luis XIV o Inglaterra de la reina Victoria, sin una sociedad convencida de que su civilización tenía un lugar en el mundo y de que ellos podían ser partícipes del proyecto.

Hoy, el tema es la reforma científica, la reforma tecnológica, el esfuerzo por el conocimiento. La preparación debe orientarse a esa sociedad de cambio, en la cual nunca hay metas congeladas sino que existe una evolución permanente.

Con los jóvenes hay que tener una gran honestidad. Es muy fácil incendiar su natural sentimiento de rebeldía, su impulsividad. Eso fue lo que sufrimos en los años sesenta. Hoy, cincuenta años después, creo que todos tenemos claro que aquello no era un camino, pero qué lindo fue aquel romanticismo, aquel imaginar que íbamos a construir un mundo nuevo.

Creo que la madurez que se le impone a los jóvenes de hoy es la de asumir que el tema no es cambiar el mundo, sino mejorar el mundo, y que se mejora el mundo construyendo y no destruyendo.

Ése es el rol que esta nueva generación va a tener. Creo que seguimos padeciendo muchas realidades antagónicas en nuestras sociedades, pero quienes hemos hecho política y seguimos haciéndola a través de la prédica, del periodismo y de la batalla de las ideas, tenemos un optimismo vital, porque también es verdad que nuestras sociedades de hoy no son las de hace treinta años. No lo son. Hemos avanzado mucho en no pocos aspectos. Debemos ser conscientes de que el mundo actual nos impone obligaciones que no nos impusieron los tiempos anteriores en nuestra propia formación y en la propia estructura de incorporación a la sociedad.

JOSÉ MARÍA AZNAR

José María Aznar fue el cuarto presidente del gobierno de España en el periodo democrático y es uno de los líderes españoles con mayor reconocimiento mundial.

Este madrileño que nació el 25 de febrero de 1953, se licenció en derecho por la Universidad Complutense de Madrid en 1975 y empezó a trabajar como funcionario de Hacienda en la Inspección de Finanzas del Estado.

Muy joven, en 1976, inició su trayectoria política en el partido conservador Alianza Popular (que en 1989 se convirtió en el Partido Popular, PP). Un hecho que marca su trayectoria es el atentado que sufrió por parte de ETA en abril de 1995, siendo jefe del Partido Popular en la oposición.

De las elecciones generales del 3 de marzo de 1996, el Partido Popular salió como el principal, aunque sin la mayoría absoluta en la cámara, por lo que hubo de negociar con los principales partidos nacionalistas de Cataluña para formar gobierno, lo que permitió que Aznar jurara como Presidente del Gobierno de España el 5 de mayo de 1996.

Con Aznar como presidente, España vivió uno de sus periodos de mayor crecimiento y desarrollo económico, lo que le permitió ser uno de los países europeos mejor colocados para la entrada en el sistema de la moneda única europea, el Euro. En ese periodo de gobierno se reformó la política militar y se iniciaron conversaciones con la banda terrorista ETA. Todos estos avances permitieron que, en las elecciones del 12 de marzo de 2000, el Partido Popular lograra la mayoría en ambas cámaras y Aznar pudo gobernar sin las alianzas en las que se había apoyado cuatro años antes.

El 1 de septiembre de 2003, Aznar propuso a Mariano Rajoy para sucederlo como presidente del PP, con lo que de hecho limitaba su periodo de gobierno a ocho años y renunciaba a seguir en el poder.

Tres días antes de las elecciones generales de 2004, se produjeron los atentados terroristas conocidos como 11M lo que marcó la derrota del PP en las elecciones del 14 de marzo de ese año.

José María Aznar encabeza la Fundación para el Análisis y los Estudios Sociales (FAES), que se considera el laboratorio del Partido Popular.

Era un sábado al medio día. Iniciamos una profunda y excepcional conversación, justo cuando él bajaba del avión después de un largo viaje.

Frente a mí, un líder que, dicho por él mismo, ya ha enfrentado casi todo: el triunfo, el reconocimiento de propios y extraños, el dolor del terrorismo y aquel terrible atentado en la estación de trenes en Atocha, el 11 de marzo de 2004, que cambiaría para siempre su vida y la de España. Reconoció la dureza de las críticas a su persona, a muchas de sus decisiones y también fue claro al afirmar que ahora el tiempo le daba la razón en muchos sentidos.

José María Aznar también me mostró un rostro de calidez y una sonrisa que invita a la confianza y a la certeza.

De entre los diálogos que conforman este libro, fue José María Aznar quien más tiempo dedicó al significado e importancia de las libertades, a la necesidad de hacer un alto para dejar de gobernar con encuestas y hacerlo con instituciones y leyes, y ser capaces de marcar diferencias en las agendas de gobierno, en el diseño de políticas públicas y en los modos de comportarse para así beneficiar a los ciudadanos y no terminar por ser "todos lo mismo".

Sin duda alguna, al hablar de terrorismo y del combate al crimen, insistió en la necesidad de un México que no quede rehén de los desafíos internos

Para hacer un país muy atractivo se requiere tiempo, esfuerzo, per-
severancia, paciencia, resolución y voluntad. Pero la cuestión final
es preguntar si somos capaces o no de construirlo. Si lo somos, la
siguiente pregunta es: ¿queremos?

Se cambia para que ocurra algo. Vivimos momentos de
enorme confusión. Yo creo que el mundo está sobrado de líderes
políticos, de partidos políticos que se acomodan al paisaje, que son
perfectamente intercambiables y que, por eso, la gente acaba pensando que todos son lo mismo.

Pero la gente necesita líderes fuertes, necesita partidos y significados y necesita que los principios, los valores en los que cree,
sean bien defendidos, tanto en Europa como en América. Más en
momentos como éstos.

En la evolución actual de México es inevitable la tendencia
hacia cierta concentración, cierto ensimismamiento dentro del
país, porque el esfuerzo que se está desarrollando hace concentrar muchos esfuerzos internamente. Con esto, se olvidan otras
áreas de acción donde la presencia de México puede ser percibida
como menos intensa que en otras ocasiones.

La definición estratégica de México es correcta. México tiene un tratado muy importante con Estados Unidos y con Canadá. Tiene unos acuerdos muy importantes con la Unión Europea y es parte de acuerdos importantes en Latinoamérica.

Creo que existe una hiperrelación con el vecino del norte, motivada por la dimensión del vecino, como es lógico, y también por los problemas que surgen de esa relación en torno a la frontera: cuestiones de seguridad, de migración, drogas. La cara de los mexicanos mira mucho al norte; existe una hipermirada hacia el norte.

En Latinoamérica se está produciendo una acción muy fuerte, una batalla entre los partidarios de las democracias libres y los partidarios de las plutocracias. La presencia de México sería más necesaria allí.

Existe una percepción de "ausencia" de México. Eso no es bueno porque, en política internacional, los vacíos tienden a ser ocupados por otros y eso es muy complicado.

Cuando desde el mundo se mira a Sudamérica, lo que se ve fundamentalmente es la inmensa dimensión de Brasil. Y es que Brasil ya ha decidido que quiere ser "mayor", que quiere ser un gran poder. Eso provoca un cambio importante dentro de los equilibrios políticos, económicos, sociales y en las relaciones internacionales también. En Latinoamérica, Brasil ha ocupado posiciones. Ha fortalecido su institucionalidad. Brasil ha despejado algunas dudas y la alternativa de gobierno fue pragmática. Además, este país ha dado pasos económicos que lo convierten en uno de los países emergentes clave. Ha ampliado las clases medias de una manera muy relevante. Ha tomado algunas decisiones políticas que demuestran que quiere actuar con más autonomía. Ha tomado decisiones.

En el mundo globalizado de hoy, los equilibrios están cambiando. Vivimos en un mundo en que China arrolla desde un punto de vista económico y condiciona desde un punto de vista político. En este mundo de crisis económica habrá ganadores y perdedores. Siendo que los equilibrios de poder van a cambiar, ¿dónde quiere estar México?

Creo que la alianza entre España y México es extraordinariamente importante en Europa, pero tenemos que conseguir que nuestros países salgan de cierto ensimismamiento. El problema tradicional de España ha sido ese, ensimismamiento, buscarnos, mirándonos el ombligo demasiado tiempo y con problemas internos.

Me preguntan por el éxito de la transición democrática en España. Lo primero que bien puedo decir, es que no se debe jugar con las claves del éxito de una sociedad. Tocar los pilares básicos hace las cosas muy complicadas.

En segundo lugar, señalo que no todos somos lo mismo. Hay políticas buenas y políticas malas. Hay políticas que obtienen buenos resultados y hay políticas que obtienen malos resultados. Yo no creo en el ejercicio del "buenísimo", yo no creo en el progreso eterno. Creo que las cosas hay que ganarlas, que la responsabilidad existe.

Las cosas producen sus consecuencias; una acción buena tiene consecuencias buenas y las malas tienen consecuencias malas. Creo que existe el bien y que existe el mal. Todas esas cosas son cuestiones "valóricas" —palabra que ahora usan y que me gusta mucho— que se tienen que poner encima de la mesa, porque de no hacerlo el reino de la confusión se extiende.

Creo que definir los pilares del éxito de la sociedad y mantener los consensos básicos en torno a ellos es una manera muy importante de mantener viva a la sociedad.

Se debe considerar el consenso no sólo como un instrumento, sino como una parte sustancial de la política. Eso ayuda cuando hay mucha tarea por hacer.

No siempre el diálogo para llegar a acuerdos es sencillo. Sin embargo, la gran ventaja que tiene la democracia como sistema civilizado es que las diferencias se resuelven civilizadamente y no a tiros. Ése es el elemento básico y fundamental.

Cuando llegué al gobierno dije: "Soy una parte del proceso histórico de la transición española. ¿Qué quiero ser? Ya soy miembro de la Unión Europea; ya soy miembro de la OTAN, ya soy una democracia". Decidí que quería ser, que quiero ser una de las mejores democracias del mundo. Ser un país con responsabilidades. La cuestión ahora de la sociedad mexicana es: ¿Qué quiero hacer? ¿Qué quiero ser? ¿Cuál es mi objetivo futuro?

El futuro ya no está en decir a los mexicanos: "Vamos a conseguir la alternancia". Ya la tuviste. La cuestión ahora es decir qué hicimos con ella, qué tenemos que modificar para seguir en ella o para profundizarla más de cara al futuro. Tener objetivos con sentido histórico basados en consensos es muy importante. Existe demasiado líder pendiente de las encuestas y demasiado poco líder pendiente de la toma de decisiones que el país necesita.

Urgen liderazgos claros que en este momento no existen, líderes con capacidad de defender lo que realmente se necesita en el mundo de hoy. En nuestros días, percibo en el ejercicio de liderazgo en el mundo un deseo de estar, más que de hacer. De estar por estar, con escaso sentido histórico.

La democracia que exige a sus liderazgos sólo es posible con ciudadanos. Y construir ciudadanía es un proceso largo y que afecta sobre todo a la construcción de valores en un país. Siempre digo que la ventaja de las sociedades anglosajonas sobre otras sociedades es el centrarse en la responsabilidad individual.

Cambiar el sistema de valores requiere mucho tiempo. Ser una ciudadanía en lugar de ser personas dependientes, acostumbradas al mensaje de que el Estado lo resuelve todo, que no se deben preocupar en esforzarse mucho porque cualquier dificultad el Estado la subsana, es una tarea de muchos años. Se debe transformar con mucha gente y por eso el cambio de políticas es muy importante.

El riesgo es que para algunos, cuanto más populismo, pues tanto mejor. Por otro lado, ya sabemos que las democracias no son perfectas y que los medios de comunicación están sujetos también a presión de anunciantes, a presión financiera y tienen sus condicionantes, pero es muy importante que existan.

La tecnología ha atomizado de tal manera la presencia de medios de comunicación, que las influencias sobre las personas son cada vez más distintas, más selectivas. Pero democráticamente hablando, los medios de comunicación siguen siendo indispensables.

Para salvaguardar las libertades hay que trabajar por ellas y hablar por ellas. El trabajo es una medicina estupenda. Hay que trabajar mucho. El trabajo es la mejor revolución social. Ofrecer oportunidades a la gente es lo más importante. Y después, desde el punto de vista de las ideas y de las convicciones, trabajar.

Y si tocamos el tema de la criminalidad, yo no creo que a la criminalidad o al terrorismo —para el caso es lo mismo—, se le pueda derrotar por partes. La batalla tiene que ser total. Si no hay una batalla total, se tienen muy pocas posibilidades de éxito.

El combate no es solamente contra los comandos terroristas. Eso suena bien. El combate también es contra todo lo que soporta eso, porque al final el terrorismo no es una ideología. El terrorismo es un instrumento detrás de una ideología. Tienes que combatir la ideología y tienes que combatir el instrumento, tienes que combatir la utilización violenta, la utilización política, la presencia en medios de comunicación, la presencia financiera, las vinculaciones internacionales. Tienes que combatir todo y si no lo haces de esa manera, no avanzas.

Cuando llegué al gobierno en España, el consenso social mayoritario era que ETA no era derrotable. Yo dije: "Claro que es derrotable", y de hecho está prácticamente derrotada.

En el caso de la criminalidad organizada, cuando vas a dar la batalla tienes que mirar y ver: ¿Qué tengo? Porque puedes querer dar la batalla y no poder, o poder dar una batalla muy limitada. Lo primero es hasta qué punto las garras del crimen organizado han penetrado en una sociedad y si permiten o no a esa sociedad plantear una batalla contra el crimen organizado y ganar. Ésa es una respuesta complicada.

Lo segundo es saber qué instrumentos y qué resortes del Estado tienes para dar esa batalla. Y tercero, cómo, poniendo orden al interior de la casa, puedo garantizar cooperaciones internacionales mucho más intensas.

Hay criminalidades en México, hay criminalidades en España, hay criminalidad en todas partes, pero no es la criminalidad lo que predomina institucionalmente.

México está en plena batalla. En mi experiencia, la batalla es total o no es. Aprecio muchísimo el coraje moral del presidente Calderón de dar la batalla y apreciamos muchísimo su capacidad de decisión.

Si esa batalla se da, que sea con todas sus consecuencias. Si, como están las cosas, se dan pasos atrás, el riesgo es que se presente la sensación de que, de una manera u otra, la criminalidad ha tomado institucionalmente a México. Y eso sinceramente no lo deseo para México.

Estamos hablando de países consumidores, pero tampoco hay que obviar la responsabilidad de los fabricantes de armas, ni la de los traficantes de las mismas, ni tampoco de los que trafican con niños y otras personas. Yo creo que eso debe tener un ámbito de cooperación. Como se ha hecho contra el terrorismo, el ámbito de cooperación tiene que ser cada vez más definido e intenso.

Se necesitan iniciativas internacionales que incidan muchísimo más en la cooperación internacional, en lo que a la lucha contra la criminalidad se refiere.

No se canse usted de asumir responsabilidades. No se canse usted de defender la libertad. No se canse usted de defender el bien contra el mal. No se canse usted de perseguir criminales. No se canse usted de que la ley se aplique. No hay que cansarse de esas cosas.

Yo estoy en contra de la legalización de las drogas. Es más: la legalización de las drogas o lo es en todo el mundo o no tiene ningún efecto. Yo estoy en contra de la legalización de las drogas porque no estamos hablando solamente de criminalidad, ni sólo estamos hablando de seguridad o de economía. Estamos hablando de factores éticos, de factores morales, de factores que afectan a la vida o la muerte de las personas. Yo estoy en contra de eso, pero respeto las opiniones contrarias.

Para finalizar, a los jóvenes les digo que contribuyan a construir un país en el que puedan estar. Si no, su vida será más difícil. Que piensen en su país y que piensen también en ellos y en sus oportunidades. Que sepan que sin comprometerse va a ser muy difícil que las cosas avancen.

JOAQUÍN VILLALOBOS

El fundador y máximo dirigente del Ejército Revolucionario del Pueblo, ERP (una de las cinco organizaciones que en 1980 formaron el Frente Farabundo Martí para la Liberación Nacional, durante la guerra civil de El Salvador), estudió en el Liceo Salvadoreño, colegio marista, y desde 1970 fue miembro de El Grupo, una organización armada clandestina que fue el germen del ERP.

Como consecuencia de los Acuerdos de Paz de 1992, en cuya firma él participó, el FMNL se convirtió en un partido político legal y Villalobos, nacido en San Salvador en 1951, siguió como miembro de ese partido hasta 1994 cuando sus opiniones se hicieron antagónicas con otros dirigentes, al proponer que el FMNL adoptara la ideología socialdemócrata.

En 1995, él y otros antiguos dirigentes del ERP, abandonaron el FMNL para formar un nuevo partido político centrista, el Partido Demócrata, que desapareció como tal en las elecciones de 1999.

A fines de la década de 1990, realiza estudios en la Universidad de Oxford, en Inglaterra, y se convierte en un politólogo especialista en resolución de conflictos internacionales. Joaquín Villalobos es ahora un crítico abierto de la izquierda de El Salvador y de otros movimientos de izquierda en Latinoamérica, en especial los cercanos al presidente Hugo Chávez.

Conocí a Joaquín Villalobos desde mi paso por la Secretaría de Desarrollo Social. El doctor Miguel Székely, cercano colaborador

y amigo, fue quien me acercó a uno de los hombres de mayor conocimiento y agudeza en la agenda de seguridad.

Cuesta trabajo creer que este hombre de apariencia serena y
mesurada, de gran inteligencia y hablar pausado, viviera por más
de veinte años en la clandestinidad como el "Comandante Atilio",
dirigiendo como estratega y líder la guerrilla en El Salvador.

Seguramente en función de esta experiencia, Joaquín Villalobos dedica un buen tramo de nuestro diálogo a la importancia de
construir comunidad, de cuidar y fortalecer la cohesión y el tejido
social como condiciones para una mejor gobernabilidad y para
enfrentar al crimen organizado.

México, como ha insistido tantas veces, le significó a Villalobos un aliado responsable e indispensable para reconstruir la paz
y la vida institucional en El Salvador. Fue justo en el Castillo de
Chapultepec donde entregó su fusil en señal de paz.

Casi para finalizar nuestra conversación en la ciudad de
México, le pregunté qué había sido más difícil, si iniciar un movimiento armado o decidir firmar la paz. De inmediato respondió
que, sin duda alguna, la dificultad mayor fue abandonar la guerrilla y firmar la paz para dar lugar a un estado democrático.

NO SE PUEDE SOÑAR CON LA IDEA DE QUE ESTO VA A SER IDEAL Y MUCHO MENOS FÁCIL.

México es un país que está buscando alcanzar su madurez política. Además de alcanzar su madurez "hacia dentro", tiene que descubrirse como potencia y eso no es fácil. No obstante, veo a México en la mejor condición, incluso en comparación con el resto de América Latina. Al echar una mirada a la región ves lo difícil que fueron todos los procesos políticos para alcanzar la condición democrática y grandes progresos sociales. Hubo golpes de Estado y represión política en todo el continente a lo largo de los últimos cincuenta años.

Una de las cosas más complicadas cuando los países son grandes es el poder mantener junta a tanta gente dentro de una diversidad cultural tan grande. México tiene muchos factores de cohesión. Es muy difícil pensar que México se va a disgregar. Fue una tarea muy difícil alcanzar el nivel de cohesión y construir los factores de identidad.

¡Todos son guadalupanos! Hasta los ateos son guadalupanos y todos cantan las canciones de José Alfredo Jiménez. Eso tiene un valor incalculable. ¿Cómo le van a hacer los chinos, en condición democrática, con todas las culturas que tienen, para mantener la cohesión entre todos esos estados que fueron cohesionados por la fuerza? Los yugoslavos no pudieron. En el caso de México, eso tiene un valor enorme, pero como está ahí enfrente, justamente no se ve, no se le considera.

La otra parte que me parece importante es la fuerza intelectual que tiene México. En El Salvador sabemos más de la violencia, pero esto desgraciadamente se debe a que la hemos vivido más. En Guatemala, en El Salvador, en Honduras, en Colombia, los niveles de tolerancia a la violencia son muy altos y eso no es bueno. Es malo tener una sociedad que acepta una condición de violencia como algo normal. En ese sentido, la demanda mexicana porque baje la violencia es muy positiva. Se necesitan más instrumentos intelectuales, académicos, para saber cómo lidiar con ella e ir reduciendo sus niveles, pero la puerta ya está abierta.

Una sociedad como la mexicana, que rechaza la violencia, es algo positivo y que apunta a otro escalón: el de la posible madurez.

Observo que, desde México, la geopolítica está como abandonada. Centroamérica y el Caribe son como asociados naturales. México tendría que ser el líder, porque así lo vemos. Es natural, como el hermano mayor. Incluso con conflicto, con celos y todo. Por ejemplo, durante la guerra en El Salvador, cuando venían las reuniones de negociación México ofrecía las sedes. En realidad no las ofrecía, sino que se las pedíamos a México.

Ahora observamos a México demasiado ensimismado. Si los mexicanos limitan su mirada al interior, pues entonces ven más graves sus problemas de lo que en realidad son. No se trata de consolarse sintiéndose grandes, pero cuando tienes un rol en un entorno, se eleva tu autoestima. Cuando descubres que eres más de lo que piensas aprenderás a resolver el problema de la mejor manera. Eso es valiosísimo en las personas y también en los colectivos sociales, en una nación.

México no ha comenzado a verse como una potencia emergente, como una gran fuerza cultural, como una gran fuerza económica. Esa actitud de baja autoestima incide en que no pueda avanzar y deje abandonados a sus hermanos pequeños del Caribe, siendo que México tiene una gran responsabilidad en la región y en su estabilidad.

En efecto, la baja autoestima incide en que no pueda avanzar. A fin de cuentas, todos necesitamos un empujón de energía. Debe recuperar la confianza de sus hermanos pequeños del Caribe. Es una gran responsabilidad. Si esta región se desestabiliza demasiado puede haber consecuencias serias; sólo imaginemos la transición cubana, que por mucho que hablen y digan, viene porque viene. Viene por la vía ideológica. Viene por la vía política. Pero de que viene, viene.

Hoy, en esta condición, el México plural implica que sus distintos actores políticos comiencen a ver hacia fuera, a ver que tienen una responsabilidad mucho mayor que sólo la de gobernar su país. Deben asumir una responsabilidad con su entorno, porque si no la asumen, les afecta. Si la asumen, les ayuda.

Con todo, soy particularmente optimista con relación a México. Ese mirar hacia dentro es parte de la transición democrática. Recordemos que un país es tan estable como maduras son sus fuerzas políticas, y México está viviendo ese proceso. Es un proceso donde tenemos tres grandes contendientes por el poder.

Tienen que combinar lo que yo llamo "combate y pacto". Saber combatir, pero saber pactar. Saber luchar con pasión, pero saber pactar con racionalidad. Y eso no es fácil.

Hoy, tenemos muchos análisis sobre el riesgo de una regresión democrática, principalmente frente al desafío del crimen organizado. Hablemos del escenario más catastrófico para México, mismo que no lo veo posible pero nos da una idea de lo que puede ocurrir. Es la "feudalización", que es el fenómeno que aún priva en Guatemala. Si se decidiera hacer un repliegue, si existiera una fuerza política, un presidente que dijera: "Vamos hacia atrás", entonces se fragmentaría el poder coercitivo y el crimen organizado se consolidaría. Con la decisión que han tomado, hay un resultado no visible tanto como un resultado visible, que son las cantidades de droga que se están incautando, los golpes al crimen, los espacios territoriales que se han recuperado, las reformas de las policías, etcétera.

No ha sido una tarea sencilla. Ha sido muy difícil para el presidente Calderón tener los niveles de cohesión en este tema, como los tenía Uribe, por ejemplo, en Colombia. Claro que Uribe tenía detrás dos décadas de lucha contra el problema y como doscientos mil muertos. O sea, lo respaldaban los muertos. El presidente Calderón los tiene por delante y eso hace una enorme diferencia.

Cuando tienes pobreza, bajo nivel de ciudadanía, instituciones débiles, policías infiltradas, ¿crees que vas a llegar a convencer o que vas actuar?

No es factible pensar que se podría combatir la violencia sin pagar un alto costo. El hecho de haber marcado y haber puesto el problema en la agenda de toda la clase política, no sólo de un partido, es un elemento que indica que se está situando al tema como política de Estado.

México tiene un nivel de polarización, pero mucho menor que el de Venezuela, que el de Bolivia, que el de Ecuador, que el de Argentina misma. Y es porque su sociedad también es mucho más madura. No es un tema de tal o cual partido. Es un tema del conjunto, de una sociedad que tiene una clase media fuerte, tiene mucha gente educada y eso es valiosísimo. Venezuela, en comparación, está perdiendo gran parte de su "masa crítica", porque se han ido.

México está en la hora de construir pactos. El problema es si tiene la capacidad de lograr acuerdos por la gobernabilidad.

Y no tiene importancia que, como dicen ustedes, se "mienten la madre" a la hora de estar haciendo política, lo cual es normal. Cuando uno hace la previsión de un país en el largo plazo, hay que analizar la madurez de sus fuerzas políticas en lo relativo a su capacidad de pactar y combatir también. Para construir estos acuerdos, señalo algunos elementos a considerar en el tema de seguridad. Si pudiéramos decir cuál es el talón de Aquiles de todo lo que se está haciendo, lo explicaría de la siguiente manera: quieres atender un problema por la "vía del castigo", por lo que necesitas fuerzas especializadas y un buen sistema de procuración de justicia. Pero si lo que quieres es disuadir, pesa más lo cuantitativo que lo cualitativo.

Hay que considerar que los éxitos por la "vía del castigo", en un escenario del tamaño de la amenaza que tiene México, pueden colapsar tu sistema judicial y tu sistema penitenciario.

El tamaño del problema es tan grande que es preferible disuadirlo, que no ocurran delitos. Esto muchas veces es preferible a enfrentar, pues si se es efectivo se puede terminar teniendo doscientos mil presos que los jueces ni siquiera podrían procesar con eficiencia. Sin embargo, las medidas disuasivas implican, por un lado, que el ejército (la institución fuerte, grande) tiene que ser utilizado y se cuestiona su utilización y se demanda que regrese a los cuarteles. Además, las policías estatales y municipales están "a la mitad del río", porque así sean cientos de miles, no podemos contar con ellas, porque están en depuración.

Tenemos un problema: si el crimen organizado ha asesinado a veinte mil personas, ¿cuántos son? ¿Tienen 84 mil armas? ¿Manejan, qué sé yo, diez mil millones de dólares? O sea, sin tener una idea definitiva de cuántos son, estos indicadores, como el número de armas, vehículos, etcétera, pueden ayudar a definir su número. Aunque se hayan fragmentado, aunque estén debilitados, son muchos y la violencia sigue creciendo.

Para resolver este problema, de las dos mil policías estatales y municipales, ¿cuál es el elemento fundamental? La clase política. Es decir, deben alinearse los municipios, los estados y el gobierno federal. No sólo en acuerdos legislativos, sino en una coordinación efectiva para poder hacer uso de toda la capacidad del Estado. En definitiva, cuando te digo que hay críticas en el sentido de que el ejército no debe salir a las calles, cuando la policía federal es muy pequeña, cuando las policías de los estados están en mala condición, y cuando la población está asustada, entonces la correlación de fuerzas no sale.

Tenemos tres niveles de gobierno que responden a diferentes fuerzas políticas y que requieren una coordinación mucho más eficaz, en que sus fuerzas de seguridad se alineen de manera apropiada al problema, para empezar a resolverlo y dar resultados más rápido.

Hay una frase que dice: "nada mejora sin antes empeorar". Es triste, es terrible, pero esto que estamos viendo es lo que pasó con la prensa, lo que pasó en Tamaulipas. Cuando ya el crimen organizado empieza a enfrentar al Estado, el resultado es que va generando una conciencia de unidad y va haciéndose más factible lograr niveles de unidad y de coordinación mucho más eficaces.

Si el gobierno federal aporta recursos para la policía, tiene que ser sobre la base de una agenda bien concreta: cuántos van a ser, cómo se van a formar, cómo se coordinarán efectivamente, y demás.

La solución pasa por la reconstrucción. El elemento cohesionador en el sistema anterior era el PRI. El partido era el mecanismo de control social, el que hacía que todo "funcionara". Al pasar a una condición democrática, se volvió real la fragmentación. A partir del cambio hay que hacer esa reconstrucción desde una condición nueva, plural. Para ello, hay que ponerse de acuerdo con el presidente municipal, el gobernador, el presidente. Todo esto en medio de la "pelea" por la próxima elección y discutiendo si hay que hacerlo así, si no hay otra manera.

Yo recuerdo que en Colombia la democracia era como pesadilla y sueño. Es una cosa que por ratos te atormenta, porque tienes que lidiar con un montón de opiniones, algunas de ellas bastante absurdas.

La condición de hacer esta lucha en condiciones democráticas es difícil, pero el resultado final constituye un gran premio, cuando la gente empieza a mostrarse ya sin miedo y comienza a participar, porque eso consolida. La democracia no es fácil, pero hay condiciones mucho más difíciles.

Recuerdo una etapa en El Salvador en que se comenzaba a tomar la decisión de ir a la rebelión. En el país, la gente se dividía entre los que se sumaban y los que agachaban la cabeza. Para los que nos decidimos a levantar la cabeza sin tener ninguna certeza de cómo nos iba a ir, la verdad que ser jóvenes fue un elemento vital. A veces se me eriza la piel cuando pienso en esas decisiones y me asusta por las nuevas generaciones.

Si van a ser heroicos, hay otras causas más pacíficas con las cuales comprometerse. Ya está ahí, por ejemplo, en el tema de la droga, la necesidad de analizar y actuar con profundidad, de crear más vínculos con la sociedad de consumo procurando el aumento del poder adquisitivo para incidir en el crecimiento de la clase media, etcétera.

El tema de la droga no ha sido abordado desde la perspectiva de las consecuencias.

Hay que decir mucho más que: "Mira que te vas a hacer adicto y se va a arruinar tu vida". Hay que decir: "Mira cuántos se están muriendo y además mira las implicaciones sociales que tiene. Mira las consecuencias que tiene la cocaína, las anfetaminas, la relación que esto guarda con otro tipo de delitos". Eso es bien importante señalarlo, porque es una vía alterna a la vida individualista.

En lugar de decir: "Te vas a hacer daño", hay que explicar: "Estás haciéndole daño a otro". Hay que señalar que hay jóvenes que son policías también. A mí eso me impacta muchísimo. Es otro déficit en esta lucha. Es una lucha sin héroes. No hay reconocimiento al esfuerzo que hacen los policías, policías que son jóvenes.

Debo señalar que hay gente que corre riesgos y otra que se está fumando la droga. Eso hay que decírselo a los jóvenes. Hay unos jóvenes que tomaron la opción de proteger a la sociedad y que están muriendo por esa razón.

Hoy se debate la legalización del consumo de drogas; pero una y otra vez se cae en una posición injusta, en que no se entiende qué hay que hacer más allá del consumo. ¿Cómo hacemos los países que tenemos producción y tráfico, que tenemos más oferta que demanda? Porque es fácil para los holandeses y para los norteamericanos en California decir: "No, aquí la marihuana va a ser legal". Tratan el consumo, ¿pero la producción? Eso sí me parece una cosa injusta, porque si al final ellos resuelven eso, es porque de algún lado llega la droga y una vez llegando ahí ya es legal. Pero el tráfico va a seguir, y también el problema. Es como un estímulo a los cárteles. Se legaliza el consumo y el negocio se va a poner buenísimo. ¡Imagínate "la fiesta" de acá!

Son decisiones fundamentales. En mi caso, el origen de mi involucramiento en política viene por la vía de comunidades con base católica. En la década de 1970, había un cura que nos invitaba a alfabetizar campesinos. Íbamos sin que aquello tuviera un perfil político. Era una cosa muy de servicio social, de jóvenes de clase media a los que los papás los mantenían y podíamos ir a hacer eso. Y un día, cuando estábamos ahí, metieron una amenaza bajo la puerta de la casa parroquial, diciendo que nos iban a matar. Nosotros, de clase media, cursando más allá del primer año de universidad, nos creíamos que sabíamos todo. ¿Cómo que unos guardias ignorantes nos iban a decir qué no podíamos hacer? Y le decíamos al padre que por qué no íbamos a hablar con ellos. "Estás loco", me dijo. "Con ellos no se puede hablar." Mi otro amigo era hijo de un coronel y argumentó: "Mi papá es coronel, vamos", pero el cura dijo que no. "Ustedes se me van." Nos hizo salir como a las tres de la mañana sin encender la luz, por el monte, para que no pasáramos por el pueblo y no nos sucediera nada. Nos protegió.

Entonces nos dimos cuenta en qué país vivíamos Desde entonces, nos sentimos retados en nuestra dignidad de jóvenes.

Cuando ya llevábamos veintidós años alzados, hubo un momento en que reconocimos, en la mesa de negociación, que era notable, que habíamos logrado muchísimas cosas. Y decidimos que ya no valía la pena un muerto más. Entonces pensamos que había llegado el tiempo de la paz. Porque todas estas decisiones fundamentales hay que abordarlas con seriedad.

Incluso el día que firmé la paz, recuerdo que mi mayor alivio fue saber que ya no se iba a informar de la muerte de un compañero más. Yo sabía que eso se acababa. Entrar a la lucha fue una decisión de desafiar a la muerte. Al final, la decisión consistió en detener la muerte por violencia.

LAURA CHINCHILLA

Laura Chinchilla nació en San José, un 28 de marzo de 1959. Se graduó en ciencias políticas por la Universidad de Costa Rica y obtuvo una maestría en políticas públicas en la Universidad de Georgetown, Estados Unidos. Desde la década de 1990, le ha dado la vuelta al mundo como consultora en las áreas de reformas judiciales, policiales y diagnósticos sobre los aparatos de justicia. Lo ha hecho para varios países de América Latina, para Estados Unidos y para el Banco Interamericano de Desarrollo, entre otros.

Fue viceministra de Seguridad Pública de 1994 a 1996 y ministra de Salud de 1996 a 1998; presidió el Centro de Inteligencia Conjunto Antidrogas y el Consejo Nacional de Migración; fue además miembro del Consejo Nacional de Drogas, del Consejo Nacional de Seguridad y del Consejo Académico de la Escuela Nacional de Policía.

Con Óscar Arias como candidato presidencial, llegó al poder como primera vicepresidenta y ocupó al mismo tiempo el Ministerio de Justicia. En octubre de 2008, renunció a dichos cargos para hacer campaña por la Presidencia de la República, para lo cual ganó primero, con un margen de más de quince por ciento, la elección interna del Partido Liberación Nacional.

Si alguna toma de protesta me hubiera gustado presenciar, sin duda pienso en la de la presidenta Laura Chinchilla, el 8 de mayo de 2010. Días más tarde, en una conversación con el presidente Felipe Calderón, le pregunté sobre su experiencia al haber asistido ese importante día a Costa Rica. Me respondió que era una mujer decidida y que se le veía muy segura y fuerte.

En un viaje relámpago para encontrarme con la primera presidenta de Costa Rica, dialogué en San José con una mujer de gran firmeza, contundente y sin retórica alguna. Sus respuestas fueron justas y precisas.

Laura Chinchilla mostró un hondo conocimiento de América Latina y una especial atención por México. Habló de educación, de la necesidad de afianzar esta agenda entre nuestros países. Explicó un país sin ejército y de clases medias. Se refirió a los desencuentros políticos que surgen entre los "propios" y de los desafíos que reclaman los ciudadanos.

Conversamos sobre la apuesta tecnológica que hizo Costa Rica en su momento, y de los flujos de crimen organizado a los que su país no es tampoco ajeno. Al final, se refirió al reto de ser la primera presidenta de su nación.

DONDE HAY UNA CLASE MEDIA FUERTE, HAY UNA DEMOCRACIA SÓLIDA.

Costa Rica, quizá a diferencia de la mayor parte de los países de la región, fue durante la colonia un país, una provincia de las más pobres. En la época de la conquista y de la colonia, aquí no habían grandes riquezas, grandes yacimientos de oro como en otras regiones. Aquí no había poblaciones indígenas numerosas y eso fue configurando una sociedad en donde predominó el pequeño labriego, el pequeño productor. El mismo español que llegó a Costa Rica fue un español que tuvo que venir a trabajar la tierra por sí mismo. La tierra no era la principal riqueza y no había mucha mano de obra que explotar. Eso de alguna manera protege a Costa Rica. No hay grandes concentraciones de riqueza.

Vamos hacia lo que será el siglo XXI con una creciente clase media. Cerca de la mitad del siglo XX, tomamos una decisión que viene a reforzar esa tendencia que tiene Costa Rica: la abolición del ejército. El ejército no tuvo el rol casi de institución fundadora de muchas otras naciones de América Latina. No tuvimos que luchar para lograr la independencia. El ejército no fue clave para este proceso histórico.

Costa Rica se vacuna contra la tentación autoritaria en 1948, cuando abolimos al ejército.

Esa decisión de abolir el ejército vino precisamente a abonar el fortalecimiento de una institucionalidad muy montada sobre el desarrollo y basada en pequeños propietarios y las clases medias, que son los que definen en el fondo la fortaleza de las democracias.

Costa Rica básicamente apuesta a los instrumentos internacionales y al sistema centroamericano para su defensa. Funciona relativamente bien y, a nivel interno, seguimos creciendo como una nación de clase media que apuesta fuertemente a la institucionalidad. Ese proceso fue un acuerdo fundamental de esta nación. Creo que hace falta construir una democracia más desde la base, y entender que los acuerdos hay que armarlos desde los sectores sociales, para que finalmente lleguen a consolidarse con fuerza como acuerdos políticos.

En América Latina, creemos que es la norma, que es la ley la que cambia, la que produce el cambio social. Y lo mismo hacemos con los acuerdos. Construimos acuerdos de espaldas a la gente, pero luego esos acuerdos no resultan ser legítimos y se caen. Me parece que es un reto muy grande el que tenemos, porque en el fondo se trata de tomar la democracia en serio.

No hay otro camino más que el diálogo. Más allá de la legitimidad de los acuerdos políticos, éstos deben valer de alguna manera para todos los sectores. Todos deben sentir que ganan algo.

La política se ha cerrado mucho en sí misma en América Latina. Desgraciadamente, nuestros partidos políticos no terminan de pasar una elección cuando ya están preocupados por quién será el siguiente sustituto. Y entonces, nuestra vida partidaria depende más de esos calendarios político-electorales que de plantearnos de verdad una agenda para el país.

En América Latina, nadie en este momento cuestiona la legitimidad de casi todos sus gobiernos. Se han aceptado las instituciones de sufragio universal. Ya difícilmente podemos decir que hay fraudes, pues existen institutos electorales muy sofisticados. Tenemos urnas en todos los rincones de nuestros países y hay alternancia en el poder.

Pero no hemos logrado expandir la democracia más allá de ciertos círculos y más allá de ciertas ceremonias. Porque el sufragio mismo puede terminar por convertirse en una ceremonia sin mayor sentido para las poblaciones, si las poblaciones no se sienten parte de la democracia.

La gran factura pendiente de América Latina es la educación, porque representa el activo más importante que cualquier nación puede tener, que es un contingente de gente joven. Y ése es un activo valiosísimo que estamos desperdiciando, porque las tasas de escolaridad en América Latina son una verdadera vergüenza.

Logramos dar un gran salto cualitativo al decidir, muy temprano en nuestra historia como nación, decretar el acceso a la educación gratuita, obligatoria para toda la educación primaria. Eso estuvo muy bien hasta cierto momento. Ya cuando avanzamos hacia la educación secundaria hemos visto que, lejos de progresar, los muchachos no se mantienen en el colegio.

Hacer ciudadanía es invertir mucho más en desarrollo social. Es invertir en educación por sobre todo. Es invertir en gente educada, gente que cuando vaya a tomar sus decisiones sepa por qué lo está haciendo. El gran reto es invertir en una ciudadanía más educada, más formada y más informada.

Cuando uno ve el éxito de países como Dinamarca, Finlandia o Nueva Zelanda, se destaca que son países con tasas de escolaridad a nivel de secundaria de 80 por ciento de su población joven. En nuestros países, las tasas oscilan entre 25 y 40 por ciento. No vamos a ir nunca hacía el desarrollo en tanto sigamos tirando por la borda ese gran potencial de gente joven.

En Costa Rica, tomamos hace una década la decisión de atraer a INTEL* y eso nos permitió hacer una apuesta fuerte a la atracción de inversión con alto valor agregado. Costa Rica se ha convertido hoy en el exportador más importante de tecnología de toda América Latina, que se ve obligada a competir con un recurso humano calificado. De ahí el énfasis en la educación.

---

* INTEL es el más grande fabricante de chips semiconductores. Sus procesadores son los más comunes en las computadoras personales. En 1997, optó por instalar una importante fábrica de componentes en Costa Rica.

Un segundo tema es que, en gran parte de la región vemos un peligroso avance de las estructuras delictivas, del crimen organizado. Es un tema que yo creo nos debería preocupar más. Vemos cómo el éxito de algunas naciones significa la amenaza para otras; no la solución, sino el desplazamiento.

Hay que hablar claro. Colombia empezó a hacer un trabajo muy coordinado, con gran determinación para combatir las bandas criminales, pero ocasionó una especie de diáspora hacía otras naciones de la región.

México es un claro ejemplo de cómo esa diáspora impactó de manera profunda en la institucionalidad, y hoy está viviendo una oleada de violencia difícil de recordar en esa nación. Sin embargo, somos testigos de cómo la violencia comienza a bajar hacia el resto de Centroamérica.

No hay recetas mágicas, porque creer eso lo único que hace es retrasar la solución al problema. Cuando creemos que solamente, por ejemplo, con la fuerza, con echar los ejércitos a la calle, vamos a derrotar a estas bandas de criminales, estamos muy equivocados. Se requiere la conjugación de esfuerzos a muchos niveles.

En primer término, creo que debemos seguir apostando por la institucionalidad. Mientras no tengamos una policía que trabaje con integridad, además de jueces y fiscales que laboren también con independencia e integridad, va a ser muy difícil enfrentar este problema. Y debemos comprender —y que esto no sirva como excusa— que, en tanto tengamos condiciones de exclusión social, siempre habrá una familia, una persona, un joven dispuesto a ayudar en esa cadena delictiva.

Es un tema al cual hay que entrarle por varios frentes, desde una agenda social muy robusta, una agenda a favor de la institucionalidad y, sobre todo, desde una agenda de policía y administración de justicia.

A las naciones como las nuestras nos corresponde organizarnos, tratar de hablar con una sola voz. En una época, nos hicimos mucho daño porque nos echábamos las culpas entre nosotros. Hoy, todos estamos viviendo las manifestaciones del narcotráfico. Todos estamos produciendo, todos estamos almacenando drogas. Se están abriendo mercados de consumo que están haciendo daño a nuestra juventud.

A México lo queremos muchísimo. Lo miramos con ojos de gran amigo. Hemos sido socios y México ha sido un gran aliado nuestro en causas internacionales; nosotros lo hemos sido también para México. Más allá de eso, estamos viendo con mucha preocupación, pero igualmente con mucha solidaridad, al pueblo mexicano en estos momentos difíciles.

Vemos a un gobierno del presidente Calderón valiente y confiamos en que el pueblo mexicano entienda la urgencia de unirse en un solo esfuerzo para derrotar esas fuerzas del mal. Ningún gobierno, por sí sólo, si no tiene el respaldo de su pueblo, podrá ganar esta batalla.

A los jóvenes les digo que sigan sus sueños. Somos los adultos los que a veces los obstruimos interpretando los sueños de ellos. Los jóvenes generalmente tienen sueños muy creativos, ambiciosos, plagados de imágenes de alegría, de satisfacción, de felicidad. Que de verdad sigan sus sueños. Pero a la vez, que comprendan que para alcanzar los sueños hay que esforzarse. Los sueños sólo se consiguen luchando fuertemente por ellos.

Soy la primera Presidenta de Costa Rica. A diferencia de los varones, uno se siente mucho más observada porque, al ser la primera vez, uno sabe que está sentando la pauta para las mujeres que vienen detrás. Y lo que uno menos quisiera es que a partir de la experiencia de una mujer, Costa Rica no le vuelva a dar la oportunidad a otra.

Yo quisiera hacer las cosas de tal manera que Costa Rica volviera a dar a otra mujer la oportunidad de ocupar la presidencia. Es una presión tremenda y son muchos ojos puestos en una que observan con especial cuidado, cosa que no sucede cuando llega un hombre al poder, porque se supone que es lo mismo, que ya han pasado por ahí.

Es una mezcla de ese gran honor de haber podido llegar, de haber alcanzado esa gran meta, combinada con la enorme carga de responsabilidad que llevamos sobre nuestros hombros.

RODRIGO RATO

Como joven diputado del Partido Popular, Rodrigo Rato abrió la puerta de la historia política de España cuando, con otros legisladores, impulsaron el nombramiento de José María Aznar para la Presidencia de España.

Rodrigo Rato nació en Madrid, el 18 de marzo de 1949. Se licenció en derecho en la Universidad Complutense de Madrid, en 1971. Realizó una maestría en administración en la Universidad de Berkeley y, siendo Ministro de Economía, se doctoró en economía política por la Facultad de Ciencias Económicas y Empresariales de la Universidad Complutense.

Durante los años de oposición, Rodrigo Rato se convirtió en la mano derecha de Aznar. Debido a este hecho, a su talento y preparación, a nadie sorprendió cuando, en el ascenso al poder del Partido Popular, fue nombrado vicepresidente segundo del gobierno y Ministro de Economía y Hacienda. En esta cartera, llevó a cabo la venta de la mayor parte de las empresas estatales españolas (Argentaria, Tabacalera, Telefónica, Endesa, Repsol), que con el paso de los años se transformarían en grandes compañías transnacionales.

En las elecciones del 14 de marzo de 2004, Rodrigo Rato compitió en el lugar número dos en las listas del Partido Popular de Madrid y resultó electo diputado, cargo al que renunció en junio de ese mismo año al ser nombrado director gerente del Fondo Monetario Internacional.

El 1 de noviembre de 2007 dejó la dirección ejecutiva del FMI y, desde entonces, trabajó primero en la división internacional del Banco de Lazard y posteriormente como consejero asesor internacional del Banco Santander. En la actualidad, es presidente de Caja Madrid y de Bankia.

Conversé con Rodrigo Rato en Madrid. Era la primera vez que lo saludaba formalmente y debo confesar que, entre todos aquellos personajes que hicieron posible este libro, él fue el más estricto con su agenda y con los tiempos.

Habló sin rodeos. Es claro que conoce a México como a tantos otros países del mundo. Su visión es global, aunque distingue con precisión y conocimiento de causa las realidades y complejidades que hoy enfrenta nuestro país.

Dialogamos sobre finanzas y economía. Hablamos sobre el destino del euro. Destacó la urgencia de abrir candados y de la modernización. Exploró otros sectores de potencial crecimiento.

Y en su calidad poco común de político por demás respetado y de financiero por demás reconocido, también habló de la necesidad de construir bien en los buenos momentos de la política porque, como advirtió, siempre llegan los malos tiempos y hay que prepararse para ellos.

CREO QUE LA DEMANDA INTERNA MEXICANA TIENE QUE SER MÁS POTENTE, Y PARA ESO HACE FALTA CREAR UNA INFRAESTRUCTURA SOCIAL CADA VEZ MÁS POTENTE PARA LA CLASE MEDIA.

En primer lugar, creo que tiene que reconocerse que México ha sido un país que ha hecho un gran esfuerzo y ha salido triunfante de ese esfuerzo. México ha sido un éxito de estabilidad, de recuperación de credibilidad, en términos de inflación, en términos de instituciones financieras. Sin embargo, no ha tenido la misma fortuna en la rapidez del crecimiento, porque si bien México ha hecho reformas importantes, todavía hay muchas reformas de crecimiento que no ha realizado.

Las modificaciones constitucionales sobre la energía se han quedado cortas. México sigue teniendo una dependencia fiscal excesiva de la energía, del petróleo. Ahí tienen ustedes una bolsa de crecimiento parada. También debo subrayar rigidez dentro del sistema económico de su país desde el punto de vista de los monopolios domésticos, de la necesidad de que esos monopolios desaparezcan.

Yo sé que eso es más fácil decirlo que hacerlo. Ustedes han hecho cambios en telecomunicaciones, pero todavía probablemente necesitan un paso más.

Tendrán que continuar con las reformas fiscales que acaben con una parte de la economía sumergida, que incorporen una mayor contribución de la economía del país a los fondos públicos y que permitan tener políticas de integración social, políticas de mantenimiento de la renta que den mayor estabilidad a la economía mexicana. En los próximos años, esas reformas serán imprescindibles.

Ahora tienen una agenda de seguridad más acuciante y eso les distrae de las reformas económicas. Ustedes tienen ahora un desafío muy dramático y considerable desde el punto de vista de seguridad interna, y en este asunto se juegan ustedes mucho más que un punto de crecimiento.

A la economía mexicana le falta un dinamismo interno que está ligado con rigidez en sectores claves como, por ejemplo, la energía. Falta de competencia en otros sectores y una política de igualdad de oportunidades más intensa.

Si a alguien se le hubiera dicho hace diez años que Estados Unidos estaría sufriendo su peor recesión desde los años veinte del siglo pasado, y que México, habiendo sufrido un año muy malo, se recuperaría pronto para seguir creciendo, seguramente esta persona se habría llevado una sorpresa.

Creo que ustedes deben tener confianza en lo que han hecho. Existe un camino por delante.

México es un país de oportunidades, que tiene además probablemente los tratados de libre comercio con Europa y con Estados Unidos y Canadá más avanzados de la zona. Está muy bien situado geográficamente. Tiene una población muy amplia, una población como Brasil. Pero tiene ahora un desafío clave.

Creo que ahí el presidente Calderón tiene toda la razón. El desafío de seguridad tiene que atenderse, porque sin ello todo lo demás es muy difícil. Al final, la inversión no va a ir a México sólo por razones económicas. Va a ir por razones jurídicas y para ello necesitan ustedes tener un nivel de seguridad que hoy sus enemigos internos no permiten.

Creo que esta guerra la tienen que ganar, porque sin eso las opciones del funcionamiento transparente de la economía son nulas. Se reduce así el atractivo de México para atraer talento mundial, para atraer la gente que quiera vivir en ese país, que quiera invertir. Al final, los países son prósperos en parte por sus propias condiciones naturales o internas, y en parte porque gente talentosa decide vivir en ellos.

Tienen ustedes que ganar esa batalla contra el narcotráfico sin la cual, si se me permite la expresión, el país está secuestrado.

Creo que el presidente está haciendo un trabajo muy difícil pero muy importante. Yo pienso que ustedes han hecho grandes cambios políticos, económicos y sociales en los últimos quince años. Ustedes necesitan una economía más dinámica que dé capacidad y mayor creación de empleo. Un sistema fiscal más justo. Ya han dado pasos importantes, pero quizá necesitan profundizar.

Las desigualdades sociales son demasiado profundas. También es verdad que los países crecen cuando las desigualdades no son tan grandes.

Es importante que haya una conciencia de creación de igualdad de oportunidades por medio de políticas sociales y también de políticas educativas, para así dar una nueva oportunidad a todas las clases sociales. Y eso tiene que suceder junto con una economía de mayor competencia interna.

Tienen un camino a recorrer en cuanto a la competencia interna de los grupos económicos. Todo lo que implique diversificar clientes y procedencias, es básico para México.

Un crecimiento de dos por ciento en Estados Unidos es mucho. Ustedes deben cuidarse de ese mercado. Es un mercado con un alto poder adquisitivo. Es un mercado que absorbe mucho. Pero la dependencia exclusiva de ese mercado es peligrosa, porque cualquier dependencia es peligrosa y los ciclos económicos existen. Estados Unidos tiene ciclos como todo el mundo.

México debería hacer un esfuerzo de diversificación. Ya lo hizo con un Tratado de Libre Comercio con Europa. América Latina empieza a ser un subcontinente que representa gran interés económico, de crecimiento. Asia es la gran fuente de crecimiento del mundo. Por eso ustedes deben utilizar la experiencia que les da la exportación a Estados Unidos para diversificarla hacia otras regiones. Una gran parte del crecimiento mexicano estará, sin duda, ligado al comercio exterior.

Pero una gran parte va a estar ligado a la demanda interna. Ustedes son un "montón" de mexicanos. La clase media será —o más bien ya es— la que pueda mantener una economía fuerte, como es el caso de Brasil.

En ese sentido, creo que las reformas internas que están haciendo les deben llevar a tener una economía doméstica y una demanda interna considerables, tanto de la inversión como de consumo.

Ustedes tienen unas posibilidades turísticas inmensas y, además, ahí sí que les es bueno estar próximos a Estados Unidos y Canadá, porque esos son clientes con dinero.

Es un sector que, primero, no es cíclico, resiste mejor que otros. Uno se sorprendería de las cifras de turismo en Oriente Medio, incluso con las guerras. Es un sector que se recupera muy rápido, intensivo en mano de obra. Es un sector de grandes empresas (aunque también de muchísimas empresas pequeñas) que produce efectos regionales magníficos. Ahí tienen un sector de crecimiento fantástico.

No creo que sea tan fácil saber lo que va a traer el futuro; siempre estamos tratando de atinar y siempre nos equivocamos, aquí y en todos los sitios. Lo que sí puedo advertir es que hay que crear un marco en el que la gente se pueda desarrollar. De pronto usted se puede llevar sorpresas. En los últimos diez años, las dos empresas más dinámicas en España —Zara y Mango— se han dedicado a la distribución de ropa y no al sector energético o equivalentes. Cualquiera que se lo hubiera planteado hubiera pensado probablemente que en la distribución de ropa no hay nada que inventar, pero sí, parece que sí hay mucho que inventar.

Usted no sabe quién va a ser el ciudadano mexicano o la mujer que va a ser más lista que los demás. Lo que pasa es que, si no se dan unas circunstancias generales, como ofrecer peso al crédito, estabilidad de precios, libertad de empresa, propiedad privada, seguridad jurídica, educación, se puede tener una persona ejemplarmente lista, un genio, pero eso no saca a un país de su ritmo. Lo que hace falta es que haya muchos.

En este sentido, España se ha convertido en un país de referencia culinaria en quince años. Se disponía de una cocina muy rica pero muy tradicional. De repente, unos señores en Cataluña y otros en San Sebastián, empiezan a experimentar. Ahora tiene usted aquí una cocina internacional moderna. No existió ninguna política gubernamental que procurara nada. Simplemente sucedió. Yo creo que esto es el resultado de un conjunto de circunstancias que ustedes deben tratar de replicar.

Sabemos que necesitamos educación, educación, educación y educación. Eso es básico. Necesitamos libertad de prensa. Necesitamos que la gente que no tiene oportunidades pueda tener acceso al crédito. Necesitamos una burocracia lo menos abusiva posible. Y seguridad jurídica. Esos son los ingredientes del éxito.

Brasil empezó más tarde que ustedes. Este país tuvo una crisis económica muy seria en 2002, pero gozó de un buen liderazgo político (el de Fernando Cardoso y el de Luis Inacio Lula). Brasil ha tenido dos grandes líderes que lo han consolidado políticamente. Por eso es tan importante lo que está pasando políticamente en México.

Para mí, lo más importante que ha sucedido en Brasil es que ha gobernado la derecha y la izquierda y los fundamentos del país no han cambiado. Eso es trascendental para un país emergente, porque es lo que atraerá inversión extranjera importante.

Lo que ha pasado en Perú es espectacular, porque Perú sí que estaba *kaputt* hace seis años con la salida de Fujimori. Era un desastre. Colombia es otro ejemplo magnífico, porque ahí se han creado consensos políticos, económicos, sobre estabilidad macroeconómica, sobre seguridad jurídica, sobre seguridad interior. Y esos consensos son muy importantes, porque sobre ellos se construye el futuro, mucho más que sobre políticas económicas concretas.

Ustedes han hecho muchas cosas. Creo que necesitan ayuda de sus socios, y deben obtenerla especialmente de Estados Unidos. Después, internamente, creo que deben continuar por el camino de la reforma y de hacer una economía más flexible. Y la seguridad jurídica es imprescindible. Necesitan que la inversión se sienta segura y que se sienta segura respecto de las reglas. Además, deben asegurarse de que estas reglas sean transparentes.

México necesita darse reglas y ya se las está dando. Ustedes han avanzado por un camino democrático, un camino de elecciones, un camino importante. Tienen un desafío interno muy serio que deben ganar. Al lograrlo, México será un país con un gran potencial de crecimiento.

Después tienen que cuidar que la competencia funcione, que no haya monopolios, porque de no hacerlo el consumidor seguirá pagando precios muy altos. Los monopolios tienen dos defectos: el consumidor paga demasiado, y los que podrían entrar a hacer que las cosas fueran mejor, no pueden. Eso causa que los monopolios, a mediano plazo, sean muy caros y muy malos para la economía a mediano plazo.

¿Qué lecciones nos dejan las crisis económicas y financieras que estamos enfrentando hoy? Que los excesos de endeudamiento se pagan siempre. No se puede dejar que un país se endeude demasiado, ni que las personas de un país se endeuden demasiado.

El endeudamiento es un instrumento útil, pero tiene un límite. Por razones diversas Irlanda, España, Inglaterra y el mismo Estados Unidos, han sufrido y están sufriendo las consecuencias de ese endeudamiento. Hay cierta disciplina en ese sentido que ahora le toca cumplir a los llamados países ricos. El endeudamiento, pues, ha sido muy peligroso.

Por otro lado, la bancarización de un país es buena. Tiene efectos positivos desde el punto de vista de la creación de ahorro y del crédito. El crédito permite a las pequeñas empresas el acceso a capital, porque el mercado de capitales y la bolsa están muy bien para las grandes compañías.

Yo creo que trabajar en la bancarización y en una competencia buena de la bancarización es muy importante para México. Es trascendental un sistema de crédito bien organizado, bien competitivo y bien supervisado. Se nos ha demostrado en Estados Unidos y en Irlanda que se requiere un buen supervisor, que sepa lo que pasa, que impida que los bancos corran riesgos excesivos que después resulten debilitantes en un momento de crisis.

Yo creo que el euro es uno de los grandes éxitos económicos mundiales de los últimos diez años. Lo que pasa es que para que la moneda funcione, tenemos que ir superando dificultades, igual que le pasa a todo el mundo. La voluntad política es imprescindible aquí como el instrumento más fuerte de cohesión. Creo que el euro está pasando una crisis de "mediana edad", una crisis en la que la integración necesita ser mayor porque estamos un poco descompensados. Nuestra integración monetaria es total y, sin embargo, los ciclos económicos siguen siendo distintos. Entonces, ahí tenemos unas "placas tectónicas" y ahora estamos en un momento muy serio.

Actualmente, en España hay un cierto viento de cambio. Ya veremos hasta dónde llega. Ya sabe usted que yo soy del partido de la oposición (el Partido Popular), pero tratando de ser ecuánime, creo que hay un viento de cambio. No obstante, en política nada está escrito.

Aun con la dureza política, los acuerdos son importantes. Los consensos se generan con la confianza que se debe propiciar en las relaciones políticas. Una cosa es ser competidores y adversarios, y otra cosa es no tener zonas de consenso. Y la sociedad tiene que pedir estos consensos. Los políticos también deben ser conscientes de que la sociedad no va a ser permisiva con ellos.

Los buenos políticos son los que resuelven problemas políticos. Sólo por ser político no se es bueno o malo. La confianza es muy importante, y después viene el liderazgo.

Existe un refrán que puede aplicarse a los casos en que el gobierno destruye la confianza: "Antes se coge a un mentiroso que a un cojo".

Cuando uno está en el momento "bueno" de la política, tiene que tener mucho cuidado de respetar determinadas reglas, porque el momento "malo" llega siempre.

Y cuando no has sembrado, no recoges absolutamente nada. A veces, incluso sembrando no cosechas. Hay que tener mucho cuidado con el ejercicio de poder, mucho cuidado.

El corazón del arte de gobernar está en la capacidad de cambiar tu país. El decir: "Bueno, nosotros llegamos y las cosas estaban así. Nos fuimos y las cosas mejoraron". Eso es lo bonito de gobernar: haber cometido errores, pero logrando una diferencia. La gran belleza de la política es poder decir que las cosas no se quedaron igual, que cambiaron.

CARLOS MESA

Hijo de dos destacados intelectuales bolivianos, Carlos Mesa ha sido uno de los grandes periodistas bolivianos de los últimos tiempos. Trabajó en prensa, radio y televisión; realizó numerosos documentales; publicó tres libros sobre la historia del cine boliviano; fue subdirector del periódico *Última Hora;* dirigió los canales bolivianos de televisión Telesistema Boliviano y ATB y, en 1990 fundó la empresa Periodistas Asociados Televisión, primero como productora de noticias y luego como canal de televisión.

Nació en La Paz, Bolivia, el 12 de agosto de 1953. Estudió ciencias políticas y literatura en la Universidad Complutense de Madrid y egresó en literatura de la Universidad Mayor de San Andrés, Bolivia.

Es miembro de la Academia Boliviana de la Historia. En coautoría con sus padres, publicó el libro *Historia de Bolivia*, el más leído en su género en ese país.

En 2002 incursiono por primera vez en política como candidato a la vicepresidencia de Gonzalo Sánchez de Lozado, formando el binomio Movimiento Nacionalista Revolucionario, MNR, con el cual ganó las elecciones. Sin embargo, el descontento social produjo una andanada de movilizaciones populares en enero y febrero de 2003, mismas que obligaron a la renuncia del presidente Sánchez de Lozado. Así, Carlos Mesa, en su calidad de vicepresidente electo, fue investido como sucesor el 17 de octubre de 2003. Gozó de gran popularidad en la mayor parte de su mandato de casi dos años.

Debido a que no contaba con ningún parlamentario propio en el congreso, no pudo concluir su mandato. Logró, sin embargo, reformar la constitución y convocar a una asamblea constituyente. Organizó y ganó el primer referéndum constitucional en la historia de Bolivia, orientado a aplicar una nueva política en materia de hidrocarburos, gracias a la cual recuperó para el país la propiedad y el manejo de éstos. La Ley de Hidrocarburos se convirtió en motivo de disputa con la izquierda boliviana liderada por Evo Morales, quien con esa ley en la mano encabezó protestas sociales que impidieron a Mesa terminar su gestión. Presentó su renuncia irrevocable a la presidencia en marzo de 2005, que no fue aceptada por el congreso. Los continuos movimientos sociales lo llevaron a presentar una nueva renuncia el 6 de junio de ese mismo año.

En la actualidad, Carlos Mesa ha anunciado su intención de regresar a la política activa para librar a su país de lo que él llama la lucha de Evo contra Evo.

Es presidente de la fundación Comunidad, cuyo objetivo es contribuir al fortalecimiento de las instituciones democráticas y derechos humanos. Además, es director general de la productora de televisión Plano Medio.

Conocí al ex presidente de Bolivia en una de las visitas de Estado del ex presidente Vicente Fox. En aquel entonces, Carlos Mesa intentaba llevar a cabo reformas de modernización para su país, mismas que más tarde lo llevarían a dejar la presidencia.

Me sorprendió el profundo conocimiento histórico que tiene de México, así como la claridad de sus ideas. Como ningún otro de los líderes que han hecho posible este texto, Carlos Mesa hizo un llamado a este orgullo que hoy parece extraviado en muchos mexicanos: la urgencia de recobrar sentido de la historia para no quedar atrapados en el pasado, sino para que esta historia sea la plataforma más importante del futuro.

Abordó con claridad los riesgos de un autoritarismo que desconoce leyes e instituciones, y planteó una visión esperanzadora de América Latina, no sin antes advertir que estamos obligados a construir nuestras soluciones con absoluta responsabilidad y de frente al futuro.

Tenenemos que plantearnos cómo llevar a esas democracias que están tentadas por el autoritarismo a la recuperación de valores esenciales.

Hoy veo un escenario democrático general, lo que es una buena noticia para América Latina. La democracia tiene una serie de requisitos básicos: la separación de poderes, independencia entre éstos, un sentido plural, la visión de un sistema de partidos que funciona y la alternancia en el poder.

Si éstas son premisas básicas e imprescindibles para la democracia, yo diría que hay dos Américas Latinas democráticas: una que cumple con estos requisitos y que afortunadamente constituye la mayoría de los países, y otra en la que se ha instalado una visión que cuestiona la filosofía republicana de la democracia, que está basada en personas que creen que encarnan un cambio.

Un cambio que podemos aceptar, que incluso tiene elementos positivos de incorporación, que combate la desigualdad y la discriminación, pero que plantea la eliminación de la pluralidad ofreciendo un discurso único y un camino inevitablemente autoritario.

Yo me siento orgulloso de que en Bolivia haya un presidente indígena y que éste sea reconocido nacional e internacionalmente. Bolivia vivió en el año 1952 una revolución tan profunda como la mexicana. Una revolución que hizo una reforma agraria muy profunda, que le dio el voto universal a todos los bolivianos y, por supuesto, a los indígenas. El presidente Evo Morales es el saldo de una cuenta histórica. Lo que no me parece aceptable es que sobre esas premisas positivas construyamos un sistema en el que el presidente se convierta en un símbolo y se convierte en "yo soy el Estado". Eso es inaceptable para el presidente Morales y para cualquier presidente latinoamericano.

Esta visión está llevando al país a un callejón sin salida que implica una visión demasiado autoritaria y a la eliminación del sistema de partidos. Hay que construir un nuevo sistema de partidos, no al estilo leninista que es la idea centralizada, sino un partido de redes, un partido del siglo XXI, un conjunto de partidos para decirlo mejor.

Los déficits en Bolivia son que no puedes, a título del bien mayor, vinculado con los elementos sociales, eliminar otro bien tan grande como ése, que es el derecho a la libertad: la libertad de expresión, la posibilidad plural, que el Poder Ejecutivo respete al Poder Legislativo y, sobre todo, al Poder Judicial. Bolivia tiene que recuperar sus instituciones democráticas.

Por su parte, México es un gran país en el sentido estricto y profundo de la palabra.

Es una de las naciones más emblemáticas de América Latina y del mundo.

México tiene un desafío complejo, que se presenta bajo dos perspectivas: la que apunta a Estados Unidos y su relación con Estados Unidos, que no ha sido fácil y que se resolvió, aparentemente, de modo muy positivo a mediados de la década de 1990, con la incorporación al TLC. México tiene una "locomotora" llamada Estados Unidos que a veces va muy rápido y a veces se frena. México está pagando las consecuencias de esa alianza y eso le plantea el desafío de abrir sus espacios productivos y exportadores más allá del mercado de Estados Unidos.

Tiene un desafío porque China no es necesariamente una buena noticia para México. China ha generado problemas de competitividad en la producción mexicana en determinado tipo de productos y, por lo tanto, el país requiere hacerse una pregunta de fondo sobre su propia matriz productiva y replantear si el petróleo se convierte en un lastre o en una opción positiva.

La segunda perspectiva de México, y éste es un elemento que a mí me preocupa, es que México jugaba un papel de equilibrio muy importante con Brasil. Pero es evidente que la crisis económica y la crisis incluso de seguridad como país —y no me refiero a la seguridad, que por supuesto es un gran problema, sino la seguridad como confianza en uno mismo de los mexicanos, es decir, el orgullo de los mexicanos que hoy en día está en cuestión.

Hoy en día ves un país que se pregunta cuál es su futuro. Y eso no puede ser. Ha debilitado la política exterior mexicana. Ante esto, Brasil ha tomado una ventaja muy importante. Yo creo que México tiene que ser mucho más vigoroso en su política exterior.

México tiene una historia muy importante en sus relaciones exteriores al haber jugado un papel moderador en América Latina durante muchísimas décadas. Tiene que recuperar ese papel. ¿Cómo explicarlo? Primero, hay una tendencia, y es muy latinoamericana, a la autoflagelación. Somos extraordinariamente críticos con nosotros mismos. Todos creemos ser portadores del conjunto de defectos, de la corrupción, de la impuntualidad, de la falta de seriedad y esto no es necesariamente cierto, ni siquiera para el conjunto de América Latina.

Por ello es necesario, como primer elemento, que reformulemos nuestra visión como latinoamericanos. Debemos reconocer que México es un país que en los últimos veinte años ha experimentado una transformación espectacular.

Si uno hace un análisis de los niveles de ingreso per cápita de los mexicanos de hace treinta años y de los de hoy, de los niveles de salud, esperanza de vida y nivel de reducción de pobreza, el avance es muy importante.

México es un país que tiene 110 millones de habitantes. Tiene un producto interno bruto muy significativo. Está entre las quince naciones más grandes del mundo en el sentido económico y tiene una historia, una construcción de identidad. Tiene una población con una riqueza extraordinaria. La construcción del mestizaje mexicano no solamente es una cuestión de identidades; es una cuestión de potencialidades.

Yo creo que los mexicanos tienen que hacer una relectura de su pasado, una relectura de su presente y una prospectiva de futuro optimista. México tiene que volver a leerse a sí mismo y tiene que recobrar la idea de que no hay un gen imposible de resolver.

Tenemos un gen de haber sido grandes culturas, de haber sido grandes potencias del mundo. ¿Por qué no podemos construir un futuro? Sería absurdo suponer que ese pueblo no tiene capacidad de llevar adelante un futuro extraordinario.

México y Bolivia hemos vivido desafíos importantes. Para abordar este tema primero habría que hacer una evaluación de las razones por las cuales estamos donde estamos todos los países que de una u otra manera tenemos un problema de narcotráfico.

La política internacional y, específicamente, por supuesto, la política estadounidense de lucha contra el narcotráfico, no ha dado buen resultado. Si no aceptamos esa primera premisa estamos equivocados.

Estados Unidos tiene que ser un socio activo de México, de Colombia, de Perú, de Bolivia, en una reformulación de la idea de cómo encaramos la lucha contra el narcotráfico.

El mercado de consumo no ha cambiado porque probablemente se ha planteado la cuestión como un tema de criminalización y no de salud pública. Estados Unidos puede contarnos la historia que quiera, pero su política no ha funcionado para reducir el consumo. Además, Estados Unidos es exportador de armas de la manera más absolutamente descarnada hacia México.

Las mafias del narcotráfico se han diversificado, es decir, ya no es solamente una lucha contra el tráfico de drogas, sino es contra el crimen organizado, la trata de personas, el blanqueo de capital, el mercado informal y un conjunto de temas complementarios.

¿Hay posibilidades de formular una política de lucha contra el narcotráfico sin la presencia militar? Yo creo que la idea que el presidente ha planteado de uniformar el trabajo de las policías en México ya es un paso adelante, pero el tema es muy profundo. Es un tema de corrupción, es un tema de incremento de la violencia y de cómo puedes medir si estás ganando o no la guerra. Y en el tema de la legalización de las drogas, yo mismo no tengo una respuesta.

¿Qué está llevando a la sociedad contemporánea a que la droga se haya convertido en un elemento inherente a su funcionamiento regular? ¿Será que es factor de entretenimiento no solamente para jóvenes, sino también consumo regular de cocaína de personas que hoy tienen ya cuarenta o cincuenta años?

En los últimos años Brasil se ha convertido en el segundo consumidor mundial de cocaína. Brasil fue hace veinte años un país de tránsito con consumo, digamos, importante, pero no tan significativo. Hoy día, Brasil tiene mucho más problema en el consumo que en el tránsito de la droga hacia Europa.

Por eso digo que es un tema de salud pública, al mismo tiempo que es un tema de criminalización y también es un tema del comportamiento social que no estamos queriendo reconocer.

Y si hay una política en relación al consumo de alcohol y en relación al consumo de tabaco que tiene una lógica formal, en que no se está criminalizando el consumo de alcohol ni el del tabaco, deberíamos de preguntarnos si no hay que definir una política de otra naturaleza en relación al consumo como tal y a los patrones de consumo de la sociedad.

Mi reflexión a la juventud mexicana es que es el momento en que tiene la mayor energía, el mayor optimismo, la mayor fe, la mayor capacidad creativa. Salvo excepciones, por supuesto, para un joven el desafío es mucho mayor y la obligación es que no puede desaprovechar este tiempo que no volverá más. Los jóvenes tienen que plantearse una visión de fe individual en sí mismos, de fe en su país y esto es un camino de ida y vuelta. ¿Qué opciones reales, qué oportunidades reales me da mi país? Y ésa es una repuesta que nos toca o que les toca a quienes gobiernan. A los jóvenes hay que plantearles el desafío.

La ecuación depende de las dos partes: del Estado y sus responsabilidades, y de los jóvenes y sus responsabilidades. Los jóvenes mexicanos tienen que apostar por México, tienen que apostar por sí mismos.

Hay que construir raíces fuertes de fe en el país, pero también en un sentido universal. Yo creo que nunca hemos tenido una generación más universal que la que tenemos hoy en los jóvenes. México está destinado a ser una potencia significativa en el mundo y tiene que ser consciente de ello. No es una cuestión de buenos deseos, es una cuestión del peso específico que México tiene.

México tiene este doble papel: su interlocución como parte del G-20 a nombre del conjunto de América Latina, y su papel integracionista para que tengamos por lo menos dos o tres bloques subregionales para hablar de una integración latinoamericana como máximo.

Yo diría que los mexicanos, y lo planteó muy claramente Octavio Paz y también Carlos Fuentes, son hijos de Cuauhtémoc, de la Malinche y de Cortés. No pueden ser hijos sólo de Cuauhtémoc o sólo de la Malinche o sólo de Cortés. Y ser hijos de los tres, marca una identidad, una personalidad, una fuerza con claros y con oscuros, pero sobre todo, con un enriquecimiento cultural extraordinario. Que los mexicanos no sientan ni la mitificación de Cuauhtémoc, ni la división de opiniones sobre la Malinche, ni la exageración de Cortés. Esos tres personajes son inherentes al alma mexicana. Es de las historias más grandes que se hayan escrito en la humanidad. ¡Cómo no sentir la importancia de ser hijos de esas raíces!

MICHELLE BACHELET

En marzo de 2010, Michelle Bachelet estaba a punto de dejar la presidencia de Chile. Nueve de cada diez chilenos apoyaban su gestión, la cifra más alta registrada por un mandatario en el momento de dejar el cargo.

Esta médico pediatra se convirtió como Presidenta de Chile en uno de los políticos con mayor reconocimiento mundial: Fue considerada por la revista *Forbes* como una de las mujeres más poderosas del mundo; apareció en *Time* como la decimoquinta persona más influyente y *Foreign Policy* la incluyó entre los 100 pensadores globales más destacados.

Michelle Bachelet sufrió durante la dictadura militar chilena. De hecho, su padre, un general brigadier de la Fuerza Aérea, fue detenido por la dictadura y falleció en prisión. La misma Bachelet fue aprehendida en 1975 y exiliada de su país. Cuatro años más tarde, regresó a Chile y se sumó a diversos movimientos contrarios a la dictadura.

Desarrolló una carrera política de bajo perfil que cambió radicalmente con el retorno a la democracia. Fue nombrada ministra de Salud y luego ministra de Defensa por el presidente Ricardo Lagos.

Fue como ministra de Defensa donde nació el llamado Fenómeno Bachelet, en 2002. En un concierto del cantante Joan Manuel Serrat, Bachelet fue más aclamada que el propio cantante y todo mundo recuerda aún en Chile la imagen de la ministra de

Defensa recorriendo las calles de Santiago para auxiliar a la población por los estragos de una inundación.

Ya para 2004, Michelle Bachelet era la funcionaria mejor evaluada del gobierno de Lagos y fue designada como candidata a la presidencia por una Concertación de diversos partidos de izquierda.

El lema de su campaña, "Estoy Contigo", caló hondo en los ciudadanos y el 11 de diciembre de 2005, Michelle Bachelet fue electa presidenta de chile con 45.9 por ciento de los votos, frente a 25.4 por ciento de su más cercano rival.

Su primera medida presidencial fue la gratuidad inmediata en el sistema de salud pública a personas mayores de 60 años. El gobierno de Michelle Bachelet enfrentó desde paros y protestas estudiantiles, hasta rechazos del mundo empresarial a medidas como el alza en los impuestos o la aprobación del proyecto para regular la subcontratación laboral. Sin embargo, la eficacia de las medidas para enfrentar la crisis económica global de 2009, y los resultados de su estrategia de gobierno, propiciaron un casi absoluto apoyo de los chilenos al mandato de Bachelet y un enorme reconocimiento internacional a su labor.

Tuve el privilegio de conocer a Michelle Bachelet en una de sus visitas oficiales a México como presidenta de Chile. Entonces yo estaba a cargo de la Secretaría de Educación Pública y su visita generó un gran ánimo y una recepción por demás cálida y solidaria.

Fuimos juntas a una escuela pública y me impresionó su extraordinaria sencillez, su capacidad para transmitir sus ideales y sus sentimientos y, sin duda, el carisma que le permitía hacer sentir a quienes por primera vez la conocíamos que ese encuentro era uno de tantos.

Posteriormente, tuve la oportunidad de saludarla en Chile junto con quien, en ese momento, era su ministra de Educación. La recuerdo enfrentando difíciles momentos y a la vez firme y decidida, con una gran sensibilidad.

Gracias a la ayuda de solidarios amigos pude lograr una entrevista con la ex presidenta Bachelet, ya en su responsabilidad como encargada de ONU Mujeres, agencia de las Naciones Unidas para la igualdad de género. Me recibió en sus nuevas oficinas y ahí, en un espacio discreto y sencillo, pudimos conversar con confianza y calidez.

Al finalizar el encuentro, por razones de agenda de Michelle Bachelet, me quedó el deseo de que esta conversación se hubiera prolongado por mucho tiempo más. Varias preguntas se quedaron en el tintero, así como el deseo de escuchar por más tiempo a una mujer extraordinaria. Al concluir su gestión como Presidenta de Chile, logró entre sus conciudadanos uno de los niveles más altos y sorprendentes de aceptación.

La única posibilidad real de construir confianza es el cumplir los acuerdos.

Cada vez que nos hemos dividido en el país, han habido etapas negras y oscuras en nuestra historia y, por el contrario, cuando un grupo de fuerzas políticas siente que lo que los une es más que lo que los separa, son capaces de sentarse, de mirarse a los ojos, de decir qué queremos para este país.

Y en ese momento (al finalizar la dictadura), lo que se quería era volver a un espacio de libertades, recuperar la democracia. Y hubo estatura política y la generosidad de colocar lo fundamental por sobre lo particular, lo colectivo por sobre lo individual, y eso nos permitió conformar una coalición de partidos que en el pasado habían sido oposición. Esta coalición, llamada de Concertación de Partidos por la Democracia, donde con el puro nombre está ya mostrando lo que fue su objetivo principal, y que era una coalición que yo podía calificar de centro-izquierda, no sólo en la gran tarea de recuperar la democracia sino después en la tarea de construir esa democracia.

Fue necesario un proceso de reencuentro hasta personal, si me permite, y colectivo también, que no fue fácil, que duró bastante tiempo, pero en el que contamos con los liderazgos adecuados que permitieran encauzar a las fuerzas políticas en esta dirección. Y por eso quiero recalcar liderazgos extraordinarios, generosidad y estatura política de pensar en el país.

Porque es evidente que había dolores, que había muertos, había víctimas de violaciones a los derechos humanos y habían sectores políticos que apoyaron el golpe de estado en el pasado.

En la hora de la reconstrucción democrática, fue posible ir privilegiando lo principal. Creo que parte de la explicación son los dolores que tuvimos, lo prolongado del régimen antidemocrático que generó tanta pérdida de vidas, tanta pérdida de libertades políticas y de todo tipo, porque hay que acordarse que llegamos a recuperar la democracia en el año 1990. En el año 1987, teníamos 47 por ciento de pobreza en el país. Hubo un deterioro político, pero también de la mano de uno económico y social, producto de cierto modelo que se implementó y que señalaba el crecimiento del país, pero no una prosperidad que alcanzara a todos.

Al gran acuerdo de la Popular Democracia se sumó este gran acuerdo de fuerzas que querían el progreso del país, pero el progreso para todos, no para unos pocos. Parte importante que lo posibilitó fue el conocimiento, la experiencia incluso personal de gente que estuvo en el exilio, gente que estuvo presa, gente que se paró, aunque no le pasó a ellos mismos, en contra de los abusos, que permitió que se fuera generando la confianza.

Porque uno de los problemas más importantes en los procesos políticos, a mi juicio, es la ausencia de confianza. Cuando hay ausencia de confianza es muy difícil construir algo, porque: "Yo no te creo; entonces, cómo voy a llegar a un acuerdo cuando creo que tú me vas a dar la estocada por la espalda".

La concertación nos dio una cierta manera de gobernar, una cierta manera de entender la transición. No fue entendida como: "Aquí llegamos nosotros y nos vengamos del pasado", sino como una transición en que yo misma puedo ser crítica con algunas cuestiones que me hubiera gustado que funcionaran más rápido. Ahora bien, cuando uno las mira en retrospectiva, creo que hubo bastante sabiduría y prudencia al ir entendiendo cómo se podían ir generando las condiciones para desarrollar el proceso democrático que se consolidara en el tiempo y que no debía tener un retroceso alto.

Lo otro que es muy difícil en este proceso es pensar en grande, con altura, con generosidad. Es erróneo creer que cuando se piensa con altura se pierde en lo individual. Yo, por el contrario, creo que la estatura política, la mirada de estadista, la mirada de conjunto, siempre premia al mundo político, porque la gente sabe reconocer a quienes se la juegan.

El hecho de que una mujer haya llegado a la presidencia muestra lo que son los grados de maduración del país. Pero en todo momento, y en mi caso también, siempre trato de colocar por delante, en el centro de las decisiones, a las personas, a la gente.

Fue importante buscar la mayor cantidad de acuerdos posibles, los más transversales posibles. No es que en muchos temas todos estuvieran de acuerdo. Estoy hablando de mayorías por grandes acuerdos en los temas que, a mi juicio, tienen que trascender a un gobierno, tienen que ser una política de Estado.

En Chile, la política de relaciones internacionales y la política de defensa han sido siempre políticas de Estado. Hay grandes acuerdos nacionales, pero también avanzamos a otro tipo de política donde construimos grandes acuerdos nacionales, más allá del normal debate parlamentario que es necesario para mejorar. Esa manera de hacer las cosas nos permitió lograr que el país fuera creciendo en la economía, que se fuera haciendo cargo de los grandes desafíos: la pobreza, las desigualdades, teniendo grandes éxitos, pero con muchos pendientes en los que hay que seguir trabajando.

Yo creo que en el caso chileno —y perdone que lo comente de esta manera—, hay un componente llamémosle épico, épico en términos de que había una meta maravillosa que era recuperar la democracia y que todo el mundo se entregó con todo para eso. Cuando uno está en la calle o cuando cae preso, se va generando este sentimiento de familia, de comunidad, de comunidad de intereses y tiene mucho que ver. Se van construyendo las confianzas: "Tú estás en esta situación, yo estoy también contigo".

En Chile, lo que pasa es que había una figura que era el claro adversario y eso permitió que esas fuerzas se alinearan abiertamente.

Lo primero es acordar lo que uno puede cumplir y, segundo, cumplir los acuerdos, y eso vale no sólo al interior de un partido, al interior de una coalición, sino que también vale para un presidente de la República.

Esto es de lo más importante de todo, porque yo creo que uno de los riesgos para la democracia en América Latina es la falta de confianza que los latinoamericanos tienen. Y eso puede menoscabar fuertemente la maduración de la democracia, porque nosotros necesitamos la política. A mi juicio, es muy grave cuando uno observa en muchas partes de nuestra región, o en todas tal vez, la falta de credibilidad de los políticos en los partidos, en el parlamento, en toda la institucionalidad. También la falta de credibilidad en la justicia, cuando la justicia es un componente tan esencial de la democracia.

En mi experiencia, frente a algún tema complejo, lo que correspondía era que yo me parara cuando era ministra y mucho más cuando presidenta y decir: "Miren, esto quisimos hacer y yo le pido perdón a los chilenos porque aquí hubo errores que afectaron negativamente la vida de la gente".

Y claro, me criticaron, que yo era una suicida, que cómo era posible que yo me parara ante el país, que los presidentes nunca tenían que pedir perdón, etcétera.

Haber hecho cualquier otra cosa habría sido peor. Hubiera sido negar una realidad que estaba ahí y yo jamás voy a negar una realidad. Había que hacerse cargo. Uno tiene que hacerse responsable, aunque haya habido otro culpable.

Existen proyectos que se ven tan bonitos en el papel, pero la realidad es otra. Entonces, yo no tuve nunca ninguna duda de que había que "apechugar", enfrentar la realidad y hablarle con la verdad a la gente.

La gente puede estar enojada, puede estar furiosa, pero cuando ven que un gobernante habla en serio y dice la verdad, la gente entonces puede confiar en que, al menos, se tiene la mejor intención.

Creo que la verdad es un componente muy importante; decirle a la gente lo que pasó y decir por qué pasaron las cosas. Pero también creo que se debe mostrar una salida, un camino hacia donde uno va. La verdad es que yo no me pierdo ni un segundo, no tengo ni una duda en la cabeza.

Si en política ubicamos en el centro a las personas, es porque el centro de la política es para mejorarles las condiciones de vida, sus condiciones de trabajo, en fin, todo lo que corresponda a las personas, y hacer que los sistemas se acomoden a las personas y no que las personas tengan que acomodarse a sistemas que no les son útiles, que no les son propios.

En relación al papel de la mujer en política, creo que en nuestra región estamos mejor que en otras regiones. Hay regiones en el mundo donde, en comparación, las mujeres no pueden ni votar ni manejar.

Yo creo que todavía se les exige más a las mujeres. Se les exige ser doblemente brillantes para que alguien las califique de brillantes, y doblemente trabajadoras para que alguien las califique de trabajadoras.

Cuando son mujeres casadas, tienen familia e hijos y tienen que irse temprano del trabajo porque deben ir a buscar al niño al colegio, es mal valorado, es mal evaluado. Entonces hay una ausencia, yo diría, de hacerse responsables como sociedad sobre las mujeres trabajadoras y sobre la infancia de los niños.

Como mujer en la política, me hicieron unas preguntas increíbles. No sólo comentaban sobre mi peso, mi estatura física, el peinado o la ropa. Me hacían preguntas como si yo tuviera que llevar a mi hijo al psiquiatra y yo les decía: "Bien. ¿A los presidentes anteriores alguna vez les preguntaron eso?"

Hay un componente de este machismo latinoamericano que existe. Sin embargo, también creo que la región ha evolucionado tremendamente.

Yo no pretendí ser una presidenta "con bigote", sino hacer las cosas a mi manera, porque entendía que si la gente había votado por mí era por mi manera de trabajar, de hacer las cosas.

Era lo que querían que siguiera haciendo y no transformarme en una especie de mujer que funcionara, digamos, de una manera que no era yo.

Fue un comienzo complejo porque si yo me emocionaba por algo, yo era débil. En cabeza del presidente la voz emocionada era sensitiva, sensible, en fin, porque hasta la voz de las mujeres es más suave. Entonces eso se identificaba como falta de autoridad.

Una de las revoluciones y uno de los cambios culturales más importantes logrados, es que al término de mi gobierno las mujeres se sentían orgullosas, sentían que, más allá de lo que les fuera a pasar en lo particular, tenían espacio abierto, que sus nietas iban a tener la oportunidad que nunca antes tuvieron las mujeres.

Creo que hemos evolucionado fuertemente. Sólo mira lo que hay en la región. Tenemos ahora tres presidentas, una que va a asumir el primero de enero que es Dilma Rousseff. ¿Y qué significaba que la presidenta del Brasil sea una mujer? Alguien que está sentado en las pistas mayores. México también está en esas pistas, pero ustedes no tiene a una mujer presidente.

En el G20 vamos a tener a dos latinoamericanas. De los tres países representados, habrá dos mujeres, la mencionada y la argentina. Está Costa Rica, está la primera ministra de Trinidad y Tobago. Hay al menos cuatro jefas de Estado o de gobierno en la región y antes estaba yo, de un total de 19 en todo el mundo. No es malo. Tenemos una secretaria de Estado muy poderosa, que es Hillary Clinton.

Yo creo que todo el mundo va evolucionando positivamente, pero muy lentamente. Tenemos que hacer mucho más. Me imagino que en México no es distinta la situación para dar mayor fuerza al liderazgo político de las mujeres.

Si no tenemos a las mujeres en los lugares donde se toman decisiones, muchas veces los temas vinculados a ellas, los temas de género, no están incluidos en la agenda principal.

Hay un Ministerio de la Mujer que habitualmente tiene "súper poco" presupuesto y que hace lo que puede. En mi gobierno tenía que ser el tema de la mujer transversal. En Chile no hay Ministerio de la Mujer.

El Ministerio de Economía debe tener una perspectiva de qué pasa con las mujeres, porque de lo contrario, aunque las conciencias pueden estar tranquilas, porque se está haciendo algo, la verdad es que los esfuerzos y los resultados son escasos.

En Chile yo no logré la Ley de Cuotas —para facilitar el acceso de las mujeres a los cargos de representación política—. Mandé la Ley de Equilibrio de Género con incentivos económicos, para que los partidos que llevaran más candidatas, que sacaran más candidatas electas, tuvieran más recursos para las campañas. Pero ni así logré que pasara.

Creo que es esencial apoyar mucho más. Para eso se requiere apoyar el liderazgo de jóvenes.

Que haya hombres y mujeres jóvenes que puedan levantar las banderas democráticas, para que podamos ampliar la participación de nuevas ideas, de nuevas propuestas, de nuevos rostros en los distintos ideales de liderazgo.

En mi gestión, coloqué el sello de protección social a mi gobierno. Cuando hablaba de eso al principio, era una cosa muy abstracta; la gente no lo entendía. Al hacer el programa de Sala Cuna, se beneficiaron miles y miles de niños. Muchas mujeres entraron a trabajar como educadoras de párvulos.

Me veían subiéndome, bajándome, de arriba abajo, porque yo estaba interesada en que saliera bien y no fuera como anuncios generales, que después nunca nadie sabe qué tal están funcionando y qué tal se están implementando.

Hicimos tres fondos, tres iniciativas con la plata extra que provenía de una política de transparencia y ahorro fiscal para poder establecer políticas contra-cíclicas cuando fueran necesarias. Con los intereses, hicimos dos fondos soberanos, imitando el modelo noruego, que con las platas del petróleo armó dos fondos. Nosotros armamos dos fondos soberanos: uno se llama Fondo de Contingencia Social y el otro era para tener financiamiento para las pensiones, porque la población va a envejecer y no puede ser que se afecten los beneficios sociales.

Por otro lado, dimos recursos al Fondo Bicentenario, becas que permitieran que nuestros chiquillos pudieran ir a estudiar a los lugares más importantes del mundo en áreas que Chile no tiene.

Como he dicho insistentemente en mis discursos, no apostamos al populismo. Por el contrario, llegamos a ser populares pero sin ser populistas, siendo serios y responsables.

Las decisiones se toman todos los días, estén o no presentes las personas. Cuando las personas quieren estar ausentes de la política porque no creen en ella, están permitiendo que otros tomen igualmente decisiones que a ellos no les gustan.

A los jóvenes les digo que el futuro de México y de la democracia está en sus manos. Que no lo malgasten. Que se involucren. Mi convocatoria consiste en que que se informen, que aprendan, que se organicen y que se conviertan en líderes, porque necesitamos para nuestra América Latina, para México, jóvenes que puedan hacer oír sus voces, sus propuestas y su manera de llevar las cosas adelante. Yo creo que la combinación entre experiencia y aire fresco le sienta bien a la democracia.

Y a las mujeres, les digo que se puede, que las mujeres tienen capacidades, competencia, y que también tenemos mucho que seguir aportando.

EMILIO BUTRAGUEÑO

Emilio Butragueño se enamoró de México cuando vino a jugar al Atlético Celaya, club en el que se retiró como futbolista profesional en 1998.

Antes de eso hizo famosa la Quinta del Buitre, como se conoció a una generación de futbolistas del Real Madrid (Michel, Sanchís, Martín Vázquez y Pardeza), donde se formó desde las fuerzas inferiores.

Nacido en Madrid, España, en 1963, figura como el mejor español entre los 123 futbolistas vivos, según la lista de la FIFA elaborada en 2004 a instancias de Pelé.

Hoy, Butragueño es director general de la Escuela de Estudios Universitarios del Real Madrid-Universidad Europea de Madrid.

Desde que estaba en las fuerzas infantiles del Real Madrid, pintó para ser un gran futbolista y un gran líder. En 1980, formo parte del equipo vencedor del Torneo As, por lo que su padre lo llevó a realizar una prueba en el Real Madrid. No fue admitido, por lo que entrenó tres días con el Atlético de Madrid. Sin embargo, su padre se resistía a que Butragueño se fuera al "equipo rival", por lo que habló con los directivos del Real Madrid hasta que le hicieron una prueba donde brilló con luz propia y fue admitido en las fuerzas inferiores del club.

Debutó como profesional en el Castilla, filial del Madrid, en 1982, y el 5 de febrero de 1984 debutó en el Real Madrid, entrenado por Alfredo Di Stéfano, frente al Cádiz. En esos momentos el Real Madrid llevaba tres años sin ganar la liga. Muy pronto, los aficionados del club supieron de la timidez de Butragueño fuera de las canchas y lo idolatraron cuando les empezó a dar triunfos.

Me impresionó su permanente sonrisa y la calidez con que me recibió, como si fuera un encuentro de muchos y no el primero. Llegó impecablemente vestido y dispuesto a responder con espontaneidad. Cuando habla de la diferencia entre el "personaje" que nos presta la vida, y la "persona" que cada cual decide construir, entendí de mejor manera en qué consistía su liderazgo y carisma.

El encuentro sólo podía haber sido en su casa, la sede del Real Madrid. La charla inició en una formal sala de juntas y terminó en la media cancha del estadio Bernabeu, desde donde explica su pasión por el futbol y, sin duda, por la vida.

Con el Real Madrid, Butragueño consiguió cinco títulos de liga seguidos y dos copas de la UEFA. Su última temporada tuvo lugar entre 1994 y 1995. Concluyó su carrera en el Atlético Celaya, de México, donde llevó a ese club a realizar una de las mejores temporadas de su historia, jugando la final del campeonato contra el Necaxa.

"Este tipo tiene el gol en el cuerpo", decía de él Di Stéfano.

En el futbol hay un grupo que debe unirse para conseguir sus objetivos y el talento individual tiene que estar al servicio del equipo.

En principio, ir a México fue una jugada del destino. Mi con-
trato con el Real Madrid terminaba y esa temporada apenas ju-
gué. La primera opción fue Japón, pero surgió algo sorprendente:
el Celaya estaba disputando la liguilla de ascenso a la primera
división y sus propietarios eran españoles en su mayoría. Estaban
viendo ese partido y el día 25 de junio tenían el segundo partido
para su ascenso a la primera división. Entonces dijeron: "Oye, ¿si
ascendemos por qué no contratamos a Emilio?"

En aquella época no existían los teléfonos celulares, por lo menos yo no tenía uno. Era 1995 y recuerdo que el gerente del Real
Madrid me llamó para decirme: "Emilio, me han llamado de un
equipo mexicano que se llama el Celaya". Mi mejor amigo vive
en el Distrito Federal y yo jamás había escuchado nada del Celaya
y sí del América, del Guadalajara. La realidad es que aquello se
aceleró mucho. El hecho de que los dueños del equipo fueran españoles me tranquilizó y mi situación familiar ayudaba. Mi mujer
estaba embarazada, teníamos una niña de un año, conocíamos

gente en México. El entorno familiar fue decisivo para que, finalmente, me marchara a México.

Ahí viví tres años. Siempre digo lo mismo: fueron los tres mejores años de mi vida desde el punto de vista personal porque, por primera vez, pude disfrutar a la familia y llevar una vida normal. Estoy muy agradecido con México.

La verdad es que en ningún momento me sentí extranjero y mi familia tampoco. Yo he vivido en tres países: Estados Unidos, México y España. El ser humano es muy parecido. En la base es muy parecido en todas partes.

Yo creo que es muy importante, en cualquier ámbito, que la gente se sienta motivada, que se sienta importante, que se sienta parte de un proyecto. Ahí es cuando la gente da lo máximo.

Es muy importante estimular el ego. El ego es el que te empuja a mejorar. No el ego presuntuoso, no el sexista, sino el orgullo interior que te dice: "Caray, esto puedo conseguirlo".

El futbol, como otras actividades, es tan complejo porque se trata de aunar muchas voluntades y no siempre es sencillo. Hay que sacar lo mejor de cada uno para que al final el equipo triunfe. Es exactamente lo mismo en todos los ámbitos.

El éxito se gana gracias a la profesionalidad, al tesón, a la ambición, a la confianza en uno mismo: son virtudes al margen del talento, de las cualidades técnicas. Hay muchos jugadores que tienen muchas cualidades, pero no tienen esas virtudes personales. Si no hay resistencia a la derrota, porque es inevitable que en algún momento pierdas o que las circunstancias sean adversas, si no hay ese espíritu luchador, al final es imposible triunfar.

De Hugo Sánchez se puede aprender mucho y creo que es un muy buen ejemplo para todos los jóvenes, de cualquier nacionalidad. Es un hombre que estando en una posición muy confortable en México, muy reconocido en el ámbito nacional, prefirió asumir el riesgo de venir aquí a España, donde las exigencias son enormes.

El primer año fue muy negativo para Hugo Sánchez porque apenas tuvo participaciones, pero aun así persistió hasta convertirse en uno de los mejores centro delanteros del mundo, jugar en el Real Madrid y llegar a ser un jugador legendario aquí. Lo consiguió. Hugo Sánchez no perdió un entrenamiento, Hugo Sánchez no perdió un partido.

Raúl, es otro jugador que puede servir de espejo para muchos jóvenes. Tiene características similares. Marcará goles, no marcará goles, pero hay un trabajo diario, una ambición constante por ser mejor.

Nosotros somos personas antes que jugadores, y la persona a lo largo de su vida desempeña distintos papeles. Incluso en el mismo día desempeñamos distintos papeles. Yo esta mañana, cuando me he levantado, era esposo y era padre. Ahora vengo aquí y soy ejecutivo del Real Madrid. Entonces lo importante es lo que somos, es decir, nuestra esencia, que somos personas.

Las personas se construyen con una serie de valores. Cuando tú eres jugador de futbol, como en mi caso, estás desempeñando un papel y ese papel va a terminar tarde o temprano. Si crees que ese papel es para toda la vida, estás en un problema. El escenario es una transición, porque luego aparecerá otro escenario. La clave es utilizar cada día de tu vida para ser un poco más completo y aprender de todo. Lo importante es la persona, no el personaje. El personaje te lo regala la vida.

Por eso, siempre doy a los jóvenes el consejo de que se formen, de que estudien. Que está muy bien jugar al futbol, es una delicia, es una bendición, pero que eso termina un día y... ¿qué van a hacer después? Eso es aplicable a todo.

Creo que la formación es algo cotidiano y fundamental, y en un mundo tan competitivo como en el que vivimos es absolutamente imposible tener éxito sin ella. La gente está cada vez más preparada.

Para cualquier niño es fundamental formarse, aprender, que elijan lo que quieren ser. Uno tiene que convivir consigo mismo. Uno tiene que ser feliz consigo mismo y procurar, dentro de lo posible, desarrollar aquella actividad que le hace feliz. Una vez que la encuentren, que no es tan sencillo, porque a veces la vida no te lo permite, hay que entregarse al máximo.

Además, hay que recordar que uno debe jugar el partido antes de que se dispute. Yo siempre he visualizado el partido antes de que sucediera y siempre, sobre todo si el partido era muy relevante, intentaba prepararme bien en todos los sentidos.

Entre los momentos más emocionantes de mi carrera, se destaca cuando debuté con el Real Madrid. Sin ninguna duda, el Real Madrid es el equipo de mi vida. Otro fue un partido de la Copa UEFA, en diciembre del año 1984. Habíamos perdido 3-0 en Bruselas y aquí ganamos 6-1. Ese día yo marqué tres goles y fue la primera gran noche europea de aquella generación. Esa noche se abrió un capítulo maravilloso y se generó una leyenda respecto a este estadio y a esas noches europeas.

Tengo dos momentos muy difíciles. En el mundial de México, en cuartos de final contra Bélgica, en Puebla. Puebla es la ciudad con más españoles que habitan en México y la verdad es que el estadio presentaba un aspecto maravilloso. Todo eran camisetas rojas y fue una noche mala. La otra fue una semifinal de la Copa Europea. El Real Madrid llevaba desde el año 1966 sin ganar la Copa Europea y nosotros teníamos en ese momento, yo creo, el mejor equipo de Europa. Nos eliminaron por la diferencia de goles y aquel día fue quizá el peor de mi vida en el plano futbolístico.

Éste es un estadio extremadamente exigente, pero si la gente ve que el jugador lucha todo lo que puede, no lo critica. Ése es uno de los valores históricos del Real Madrid. Hay una resistencia a la derrota increíble.

Cuando me retiré del futbol recordé que, en India, dicen que cuando se debe tomar una decisión, hay dos caminos. El camino de la cabeza y el camino del corazón. El del corazón es el que vale y mi corazón me decía que ya había llegado el momento. Entonces no me costó nada porque sentía que ya era suficiente.

Pero en el camino aprendí que uno tiene que esforzarse al máximo de sus posibilidades. Si uno puede sacar 10, tiene que sacar 10. Si sólo puede sacar ocho, pues ocho. En el Real Madrid tenemos una máxima: tenemos que dar lo máximo; dando lo máximo no hay reproche.

El carácter competitivo tiene que ver con entregarse siempre al máximo y confiar en uno mismo. Es decir: "Puedo hacerlo y doy todo lo que tengo para conseguirlo. Punto". La voluntad tiene que ser de entrega absoluta. Ése es un valor para mí esencial y luego ya manejaremos el talento.

En ello el entrenador es clave. En primer lugar, tiene que diseñar una estrategia para hacer campeón a su equipo, o conseguir el objetivo. Lo que tiene que hacer es conocer a fondo a sus jugadores para sacar lo máximo posible de cada uno. Esa primera parte de tener motivados y convencidos de la causa a todos tus jugadores, para que te den, para que se entreguen, es lo más difícil.

Lo más difícil es convencer no a once, sino a veinte o veintidós de que ese sistema, esa táctica es la mejor para ganar y que ellos deben plegarse al equipo. Que reduzcan su ego para el bien del equipo. Si son inteligentes, lo harán, porque si gana el equipo ganan ellos. El mejor entrenador debe tener muchas virtudes. Una de ellas es saber lo que quiere. Él ha de tener una idea clara y convencer al grupo, pero el grupo tiene que darse cuenta de que él está convencido de lo que quiere.

Esto es clave, porque si no es así, él pierde crédito rápidamente. Luego está la capacidad de convencer lógicamente al grupo y ser capaz de tener a todos motivados. Y que sea noble, es decir, que sea sincero, franco. El problema es que si engaña, al final pierde.

El trabajar en grupo es fundamental. Hoy en día es imposible conseguir algo solo. Necesitas de los demás.

Desde muy pequeñitos el deporte nos va enseñando la vida. Es un micromundo. Por eso es tan recomendable que los niños hagan deporte, porque para su formación integral es muy saludable.

Al final de cuentas, las organizaciones están formadas por personas y la visión de esas personas y el liderazgo de esas personas hace que avancen.

Los que dirigen son los que marcan la estrategia, los que marcan la visión. Además, son los que tienen que rodearse de aquellas personas afines a su manera de pensar, sus valores y su capacidad para llevar adelante el proyecto. Son los que marcan la pauta y la manera de actuar.

Aquí en España, vivimos una sociedad especialmente proteccionista. Llevamos a los niños en brazos, en lugar de que ellos caminen.

Yo creo más en la mentalidad que señala que éste es tu camino, ésta es tu vida: "Te voy a ayudar dándote herramientas, pero camina tú. Si te caes ya veremos qué hacemos, pero camina tú".

A los jóvenes mexicanos, yo les daría tres consejos: en primer lugar, que terminen de formarse; en segundo lugar, que persigan sus sueños y que se esfuercen al máximo por ellos; y en tercer lugar, que elijan tres valores, los que quieran, y que los utilicen siempre, todos los días de su vida.

LUIS ALBERTO MORENO

Cuando Luis Alberto Moreno llegó a Estados Unidos, en 1998, como embajador de su país, Colombia, las relaciones entre ambas naciones pasaban por su peor momento debido a los escándalos que sacudieron la elección de Ernesto Samper como presidente de Colombia, en 1994. Alberto Moreno logró que las dos naciones volvieran a acercarse y a tener relaciones constructivas.

Hombre de negocios, diplomático y periodista, Luis Alberto Moreno nació el 3 de mayo de 1953 en Medellín, Colombia. Tuvo una intensa actividad como asesor de los más importantes hombres de negocios de su país y como presidente del Instituto de Fomento Industrial.

Desde 1992 y hasta 1994, el presidente César Gaviria lo nombró ministro de Desarrollo Económico de Colombia.

Luis Alberto Moreno se tituló en administración de negocios y economía en la Florida Atlantic University; obtuvo una maestría en Administración de Empresas en la escuela de negocios Thunderbird School of Global Management; estudió un posgrado de periodismo en la Universidad de Harvard y, en 2008, recibió el grado de Doctor Honoris Causa por la Universidad Nacional Mayor de San Marcos, de Colombia.

En julio de 2005, fue nombrado presidente del Banco Interamericano de Desarrollo (BID), la organización multilateral que financia el desarrollo de América Latina. En 2010 fue reelegido para el mismo cargo.

No deja de sorprenderme la gran capacidad de análisis y la resolución de Luis Alberto Moreno.

A su extraordinario trato habrá que sumar una inteligencia aguda y una habilidad para negociar y construir puentes y relaciones cercanas. Seguramente afianzó estas habilidades al desempeñarse como embajador de Colombia en Estados Unidos.

Como Secretaria de Educación, tuve la oportunidad de encontrarme con Luis Alberto Moreno ya siendo él presidente del Banco Interamericano de Desarrollo, y desde un inicio sólo mostró una total disposición y compromiso para fortalecer la agenda educativa del país.

En este encuentro hubo sensibilidad y conocimiento profundo de los desafíos y oportunidades que enfrentan nuestros países. Habló de la mirada urgente que merece Asia, de la agenda de seguridad y de reformas pendientes y urgentes para la modernización de México.

México es un país con una cantidad de equilibrios, pero también con unos huecos que todo mundo sabe que están ahí, pero que nadie confronta. Y cuando una sociedad empieza a confrontar sus problemas, empieza a solucionarlos.

Lo único en que uno no puede concentrarse en México es en los titulares, porque te llenan de pesimismo. Titulares que, de paso, salen por todo el mundo, de modo que lo sucedido en México tiene repercusiones mediáticas en el mundo.

Yo soy optimista por varias razones. La primera consiste en que este problema del narcotráfico es un problema que venía de tiempo atrás y va a permitir que se cierren una cantidad de temas que en México no se habían cerrado.

La distancia entre México y Estados Unidos es mínima. Yo siempre recuerdo a un compañero de la universidad, mexicano, quien se quejaba, como muchos mexicanos, en esa ambivalencia de decir si es bueno o es malo estar tan cerca de Estados Unidos: "Ojalá que Colombia tuviera tres kilómetros con Estados Unidos, porque sería maravilloso lo que podríamos hacer".

En la relación con Estados Unidos hay que tener en cuenta diversos puntos. A los latinoamericanos se nos olvida que el 11 de septiembre fue un golpe muy profundo para la sociedad norteamericana y empezó a generar toda una idea de que el mundo es muy inseguro.

Lo segundo es que, cuando uno mira la constitución de Estados Unidos, descubre que se hizo diciendo que nadie debía tener mucho poder, sino por el contrario, que debería de existir un sistema que obligara de alguna manera al consenso. Y como es tan difícil el consenso, entonces existe la dificultad de llegar a los acuerdos y a los consensos. Y Estados Unidos ha tenido épocas en las que ha avanzado y épocas en que no lo ha hecho.

Estados Unidos tiene grandes dificultades para sortear problemas económicos que no había tenido en setenta años. Nuestros países, a pesar de todo, en todas las crisis financieras han sido capaces de tomar decisiones muy difíciles. Pero esa posibilidad en un país como Estados Unidos es mucho más compleja.

Ahora, creo que para América Latina es una gran oportunidad. No volveremos a ver la posibilidad de que empresas latinoamericanas se hagan de partes del mercado norteamericano. Creo que ésta es nuestra década.

No hay duda de que existen complejidades políticas en Estados Unidos, pero me pregunto si no es una gran oportunidad para América Latina.

El hecho de haber confrontado al narcotráfico como se está haciendo, es el acto que llevará a confrontar otra cantidad de temas en México. ¿Que no se van a resolver en un sexenio? Entonces la gran pregunta para la sociedad mexicana es cómo han de confrontarse esos problemas y qué capacidad tiene la sociedad mexicana para mantenerse en pie y así resolver esos problemas.

Creo que México está progresando con una enorme dificultad porque uno se encuentra con que la policía y el ejército y otros actores, han estado preparados para otros tipos de conflictos.

A Colombia esto le tomó muchos años porque Colombia tenía —y en esto no es comparable con México—, una confluencia de problemas, una historia no resuelta de un conflicto político difícil, que en Colombia se hizo por la vía del Frente Nacional, pero que cerró espacios políticos. Estaba el tema de la guerrilla, que confluye con todo lo que fue el narcotráfico.

Yo veo que México es un país con muchas cosas buenas, que ha alcanzado cosas muy importantes en cuanto a indicadores de desarrollo humano, y que ha llegado a tener por años el ingreso per cápita más alto en América Latina.

Vamos a seguir viendo tensiones entre el México moderno y el México antiguo. México va a sortear sus problemas con éxito, pero sin duda va a pasar unos años difíciles.

No olvidemos que México no había terminado de consolidar su integración con Estados Unidos cuando, al mismo tiempo, sobrevino un gran crecimiento de Asia, sobre todo de China. Lo cierto es que China se fue insertando mucho más en América Latina y en Estados Unidos. Empezó a competir de una forma muy importante con México. Lo que fueron las industrias maquiladoras de una época, ahora ya no lo son.

Le ha tocado a México un proceso de transformación muy grande. Siempre hay estas ideas de que lo importante es lo que está de moda y todo mundo habla del éxito. También se habló mucho del éxito de México cuando la época del Tratado de Libre Comercio (TLC), cuando parecía que el país se había despegado del resto de América Latina.

En los momentos de dificultad, los países pueden avanzar y construir las bases sobre las cuales se pueda avanzar más rápido. El gran reto para México en este momento es cómo incorporarse mucho más en los flujos de comercio mundial, cómo entrar a Asia de forma más exitosa.

El gran tema es cómo dar a los recursos naturales y a las materias primas locales más valor agregado, y construir una economía de servicios mucho mayor. Creo que cuando la economía global vuelva a despegar, no hay duda de que los precios del petróleo van a subir y los temas de logística se volverán muy importantes. Así, la cercanía con el gran mercado del mundo, que seguirá siendo Estados Unidos, va a contar muchísimo. Ésta debe ser una oportunidad para hacer un conjunto de reformas muy importantes y necesarias para México. Habría que hacer más reformas en el frente de energía.

Habría que hacer más reformas para establecer un clima de competencia. México tiene que resolver el tema de la educación, porque sólo así podrá mejorar la productividad. Creo que si hay un país que puede acelerar mucho más con las reformas que se requieren, es justamente México.

En el tema de seguridad, la gente vive una ambivalencia desde lo personal. Se hace las siguientes preguntas: "¿De qué lado estoy, del Estado que quiere acabar contra estos grupos criminales, o del lado de ellos? O estoy indeciso, es decir, sí quiero que se combata a los criminales pero tengo miedo. Entonces, ¿me cuido?" Esas ambivalencias personales reflejan los momentos que se van viviendo en este tipo de conflictos, que no son fáciles.

Yo creo que el acompañamiento de la gente al Estado empieza a darse cuando la gente cree que el Estado va a ganar. Y esa es una percepción. La gente siempre va a preferir al Estado a la fuerza de los grupos al margen del Estado.

En la medida en que empiece a tener confianza de que sus fuerzas militares, de que su policía, de que sus líderes políticos, están plenamente sintonizados y logrando éxitos, en ese momento empieza un proceso de acompañamiento mucho más expresivo que el silencioso que se ve en las encuestas hoy en día. Es que el miedo es lo que frena la capacidad de la sociedad para manifestarse.

Creo que ese apoyo se mantiene. La forma es cómo se expresa. Y se expresa en forma más fuerte y más clara frente al Estado cuando la gente no tiene miedo.

Los héroes están en la policía, en un juez, en un periodista que tiene el valor de salir y denunciar. Se reconoce poder detener a un narcotraficante, poder denunciar. Típicamente estos grupos criminales se meten en nuestras sociedades y las penetran de una forma muy compleja.

La prensa tiene una enorme responsabilidad. En alguna época de mi vida fui periodista. Una de las cosas que más impresionó a toda la prensa en Colombia fue el asesinato de Guillermo Cano, que era el director del diario *El Espectador*, el segundo diario de Colombia.

A Enrique Santos, que en esa época era subdirector de *El Tiempo* y uno de sus principales columnistas, se le ocurrió una idea muy brillante: que la prensa iba a declararse muda por un día.

Durante un día no circuló un periódico, no hubo un noticiario de televisión, no hubo un noticiario de radio, no hubo información en Colombia. A partir de ese momento se tomó una decisión y era que había que crear una gran solidaridad entre la prensa. Se acabó la competencia natural que existe entre los medios por la información en este tipo de casos y, por el contrario, se trataba de sacar toda la información hacia el público. Creo que eso dio muchísima credibilidad y empezó a generar una solidaridad de la prensa que era muy importante. Todo esto sin que los medios se entreguen al Estado o al poder, porque una cosa es la información y otra cosa es el poder.

Creo que la justicia fue fundamental en Colombia. Hay muchos héroes en la justicia colombiana que dieron su vida. La extradición también fue un instrumento que ayudó muchísimo. Se fue creando una noción dentro de todos los colombianos de que no nos íbamos a dejar vencer por el narcotráfico y que no nos íbamos a dejar vencer por la guerrilla.

Antes del presidente Uribe, creo que los últimos diez presidentes de Colombia, todos, arrancaron su campaña política y su gobierno queriendo hacer la paz con la guerrilla. Y nunca lo pudieron hacer. Pero finalmente había en los colombianos una idea falsa de lo que era la paz. No se sabía si la paz era realmente una negociación o una entrega.

Volviendo al tema de los cambios y reformas, en América Latina hay tres países que tienen una historia muy profunda: México, Perú y Brasil. México y Brasil son sociedades que nacieron con un sentido de grandeza como país. Pero creo que es muy importante entender las diferencias entre los dos grandes países en nuestra región. Cada uno tiene grandes virtudes, aunque el tipo de personalidad de los brasileños es inmensamente "transaccional", que no es el caso del mexicano.

En México las formas importan mucho pero, digamos, hay más dificultad en la transacción, en el acuerdo. A veces se toman posiciones más duras. En Brasil, y eso es a todo nivel, la sociedad tiene mucha capacidad de transacción.

El llamado *jeitinho* es eso: la manera como la gente se conduce. Eso tiene una complejidad, sin duda, pero es un país al que no le cuesta mucho llegar a los consensos y eso es un poco el producto de tantos años de dificultades económicas.

Finalmente, a los jóvenes mexicanos les diría que tienen que volverse mucho más activos políticamente. Van a vivir una época de muchísimos cambios en que tienen que ser actores, porque si deciden no serlo, van a sufrir las consecuencias.

La velocidad de la conectividad vía internet y lo que nos da va a hacer que necesariamente la gente tenga que ser mucho más participativa, más abierta y más presente. Eso lo tienen los jóvenes y van a ser más exigentes con el Estado en cuanto a lo que éste les dé en términos de calidad de educación, que es fundamental. Sobre todo, deben exigir a su sociedad ser mejor, porque eso es lo que nos va a hacer mejores a todos.

FRANCISCO LUZÓN

A Francisco Luzón le gusta decir que es el más latinoamericano de los españoles y no le falta razón.

Como consejero delegado de Banco Santander para Latinoamérica, ha propiciado la presencia de Santander en Latinoamérica con gran éxito y sostiene que esta región será la que encabece el desarrollo mundial en las siguientes décadas.

Luzón nació en Cuenca, España, el 1 de enero de 1948. Se licenció en ciencias económicas y empresariales por la Universidad de Bilbao.

Inició su carrera en el Banco de Vizcaya y llegó a ser consejero y director general de esta institución. En 1988, tras su fusión con el Banco de Bilbao, pasó a ser miembro del consejo de administración del Banco Bilbao Vizcaya y a finales de ese año fue nombrado presidente del Banco Exterior de España, cargo que ocupó hasta 1986.

En 1991, impulsó la creación del nuevo grupo bancario Argentaria, del que fue fundador y presidente hasta 1996. Ese año se incorporó al Banco Santander Central Hispano como consejero director general adjunto al presidente y responsable de estrategia, comunicación y relaciones institucionales.

En el Banco Santander, como vicepresidente ejecutivo primero, y como consejero delegado después, ha impulsado la expansión de esta institución en los países latinoamericanos.

Hablar con Francisco Luzón resulta siempre una gran y apasionante aventura, primero porque es inevitable que venga de algún sitio o que justo vaya en camino a su siguiente destino y, por tanto, siempre traerá en equipaje los últimos acontecimientos económicos, financieros o sociales de algún otro país de América Latina o del mundo.

Agudo y claro en su conversación, es capaz de leer lo que acontece y mejor aún, de advertir lo que está por venir.

Mi primer encuentro con Francisco Luzón se dio en la Secretaría de Educación Pública, a raíz de la iniciativa que Banco Santander promueve en educación superior.

La conversación que aquí se documenta tuvo lugar en la ciudad de México, justo entre una visita a Sudamérica y su retorno a España.

Conocedor de la realidad mexicana y con mirada y experiencia globales, Luzón se refirió a los candados que siguen sin abrirse en nuestra economía, a la urgencia de tomar decisiones en agendas de competitividad, a la relación de México con el mundo y a las oportunidades que tenemos por delante. Luzón advierte a las claras los riesgos de no decidir frente a la urgencia de modernización y cambio.

HABRÍA QUE PRODUCIR CAMBIOS, REFORMAS ESTRUCTURALES PROFUNDAS
QUE PERMITIESEN QUE MÉXICO RECUPERASE VERDADERAMENTE EL RITMO DE
CRECIMIENTO Y QUE LO HAGA CON UNA VISIÓN DIVERSIFICADA.

Cuando hablo de América Latina estoy hablando casi de mi casa. No soy un extraño. Llevo doce años en la región y me considero más latinoamericano que todos los latinoamericanos juntos y lo digo porque ni soy mexicano, ni soy chileno, ni soy argentino, pero me siento mexicano y chileno y argentino, además de español.

He vivido veintidós años en México. Vengo aquí desde 1988, cuando era presidente del Banco de España, y yo diría que han existido tres fases en las últimas décadas. La primera, muy clara para mí desde el punto de vista económico, fue anclar a México en un espacio económico muy grande, muy amplio y que evidentemente daba una oportunidad real de engancharnos como España lo hizo con la Unión Europea.

Luego llegó la democracia. Digamos que llegó definitivamente el cambio de gobierno en el país con el presidente Fox. Yo siempre vi ese proceso como una transformación que iba a ser lenta, quizás porque en mi propia experiencia española, pasar a ser un país democrático llevo tiempo y reglas que hay que aprender. Hay equilibrios que se deben mantener y, a mi parecer, quizá en el primer momento se tuvieron demasiadas expectativas. Pensé que, en el caso de México, con los temas fronterizos y tratando a la vez de articular al Estado federal con el resto de estados y municipios para que todo funcione, indudablemente les iba a llevar dos o tres sexenios.

Se ha producido todo un proceso de aprendizaje político. Si la política importa en todos los países de América Latina, en México importa mucho más.

En este periodo, el mundo ha entrado en una dinámica de crecimiento espectacular. Si uno mira lo que ha pasado desde 1980 hasta 2010, se ve clarísimo que estamos ya ante un mundo donde los países desarrollados van a crecer poco y los países emergentes van a crecer mucho, donde la renta per cápita de los países desarrollados se va a estancar y la de los países emergentes va a crecer de una forma significativa. En los países desarrollados, habrá una defensa del modelo de bienestar construido, en los países emergentes se va a tener la posibilidad de una recuperación, de una enorme reducción de la pobreza y la indigencia.

Me parece que el mundo va a tener nuevos campeones: China, India, Brasil, Sudáfrica e Indonesia, una serie de países que tienen masa crítica y capacidades, potencial humano, físico y tecnológico. Todo indica que, en el año 2020, por primera vez, los países emergentes van a tener más peso en el PIB mundial que los países desarrollados. Se trata de países donde se está produciendo una revolución interna en política económica y social.

México, en comparación, no acaba de producir con la velocidad necesaria todos los cambios que precisamente este conjunto de países emergentes está realizando.

Uno tiene la impresión de que las capacidades están ahí, tanto humanas como físicas, pero el país, por unas razones o por otras, no crece a la velocidad que lo está haciendo todo ese otro conjunto.

Uno tiene que acudir, lógicamente, a la institucionalidad política. Hay una gran asignatura pendiente que debe resolverse con serenidad, pero con la conciencia de que el tiempo se está acabando.

Si México fuese capaz de articular políticas de consenso a nivel nacional, sería un país que podría crecer continuamente a ritmos de entre seis y siete por ciento. Podría realmente y de forma definitiva salir y estar a la altura de los países desarrollados. Lo podría hacer en una o dos décadas.

Porque pertenecer a un espacio regional es importante. México tiene grandes ventajas: un ancla en el norte y un espacio de desarrollo en el sur. Brasil no podrá ser una potencia mundial sola, necesita a América Latina.

Necesita un espacio regional. España no podría ser una potencia mundial si no estuviese en la Unión Europea. O sea, los espacios regionales son determinantes porque los grandes "monstruos" van a ser China, con mil 300 millones de habitantes, o India con mil 400 millones. Tendremos a otros países que van andar por ahí, por los 400 millones, 300 millones, y México en principio tiene 100 millones. Entonces, a mí me parece que el lugar de desarrollo natural de México es el norte y el sur. No obstante lo anterior, veo mucha focalización en el norte y poca en el sur.

Creo sinceramente que México tiene que mirar hacia la región Asia-Pacífico. México tiene relaciones con el norte, pero del norte y de Europa no va a venir el crecimiento durante los próximos diez años. El crecimiento vendrá del sur, del sur de América y del sur de la zona Asia-Pacífico.

La cultura mexicana tiene la gran fortaleza de poseer raíces. En Brasil, por el contrario, casi no hay raíces. Es un país joven, no ha tenido guerras, tiene quinientos años de vida, es una combinación de razas y de procedencias. Estamos hablando de dos latitudes: una con mucha historia, que es México, y una con poca historia, que es Brasil.

México es un país muy atado al pasado. Hablando de México, en la historia radica una fortaleza y una debilidad.

Es obvio que aquí, el ser capaces de mantener la identidad con la globalidad es un reto. Casi todos los países lo tienen, pero ese reto es particularmente importante para México porque, insisto, el ancla del pasado está ahí. O modernizamos nuestras instituciones y nuestras políticas o vamos ser perdedores.

Si México perdiese un sexenio más en el sentido económico, sería grave. Hay que levantar un montón de candados que han existido en el pasado, que están ahí y que son, insisto, fruto de nuestra historia. No hemos modernizado instituciones. No hemos modernizado el mundo empresarial. No hemos modernizado el mundo sindical. Hay un montón de candados que están ahí, que exigen, digamos, un esfuerzo colectivo.

Y en esto la política es determinante, es la que acaba convirtiendo o no un país en algo absolutamente diferente.

México puede tener su modelo, a diferencia de Brasil, que puede "engancharse" al norte y al sur. Insisto mucho en esta idea.

Si realmente Brasil y México fueran capaces de tirar como locomotoras a América Latina, la región podría tener un desarrollo espectacular.

Ya vislumbramos la aparición de un montón de empresas multilatinas, empresas con tamaño y dimensión, que están saliendo de sus fronteras, que están intercambiando inversiones en los países, que están produciendo un flujo interno en la región realmente espectacular. Me parece que éste es un tema que mucha gente no ve con la claridad necesaria.

Ahora se dan nuevas condiciones. La región tiene capacidades que, creo, no están bien puestas sobre la mesa. Hablamos de países con una cultura occidental, con los valores compartidos de la democracia y de la institucionalidad. Eso no ocurre en Asia, no ocurre en África. Eso se da en América Latina. Además, somos realmente el caldero de las materias primas del mundo, tanto en productos minerales como en alimentos. El único sitio del mundo donde hay posibilidades agrícolas significativas es América.

Yo veo un mundo latinoamericano que constituye una nueva oportunidad para México. Nos falta traducir un consenso nacional a decisiones políticas.

Yo tengo la oportunidad de convivir con bastantes empresarios mexicanos. La empresa mexicana necesita una modernización, un compromiso con el país. Esto sí nos diferencia mucho de Brasil: el mundo de los empresarios mexicanos, de las grandes empresas, no está comprometido como lo está el empresario brasileño con el desarrollo del país.

En México, la competencia no fluye. Es una asignatura pendiente. Tenemos que abrir la competencia en todos los sectores. Habrá que hacerlo con cuidado, quizá dosificadamente, pero el camino es claro.

Empieza a ocurrir que el mundo de la empresa, sobre todo en situaciones de crisis, cede toda su responsabilidad al mundo de la política. Las empresas tienen mucho que decir en todos los países y han perdido voz, más en unos países que en otros, pero en general han perdido la voz. En Brasil no sucede esto. El empresariado tiene voz y la expresa públicamente, como institución.

Que no se me entienda mal: hay un montón de empresas mexicanas y empresarios comprometidos con su país, pero nos falta que la clase empresarial mexicana realmente asuma ese tema como un reto. Dicho de otro modo, el tema de la modernización del país no solamente es un tema político.

Se necesita un empresario mexicano que se anime a tener una presencia, no solamente en el norte, sino en el mundo. Hay una necesidad de renovación del impulso empresarial, una renovación comprometida con el país. Necesitamos mejorar la productividad de las empresas. Para eso debemos mejorar el ambiente empresarial, la reglamentación, la regulación laboral, las relaciones entre empresas y sindicatos. Todo eso lo tenemos que mejorar enormemente. Yo creo que debemos modernizar el sistema sindical.

O avanzamos significativamente en la productividad —y esto aplica tanto a México como a España—, o estamos destinados a que nuestros mercados sean asumidos por otros y a que nuestro propio mercado nacional sea inundado por productos alemanes, franceses o chinos.

Para no quedar instalados en las insatisfacciones, para despertar un sentido de urgencia, debemos aspirar a una especie de compromiso nacional en que, sean cuales sean los resultados en el año 2012, podamos emprender después de julio una gran "construcción nacional". Aquí necesitamos un conjunto de líderes políticos, empresariales, sociales, de líderes en los estados.

Estoy convencido de que existen y, cuando uno tiene la oportunidad de conocer a gente de la política, sabes que ahí hay capacidades para construir una agenda común de Estado.

Para un sistema democrático, no basta con un nuevo presidente muy carismático en 2012. Por el contrario, me parece que lo justo es implementar una agenda común de Estado.

En el tema del crecimiento y del desarrollo en México, se discute mucho el enfrentamiento del Estado al crimen organizado.

No solamente en México, sino en toda la región, el tema del terrorismo ligado al narcotráfico es un tema de gravedad mayor. Aún no nos ha afectado en las expectativas de inversión, pero es una lacra a la que debemos enfrentar.

A corto plazo, no creo que la violencia sea una problemática mayor para que los inversionistas extranjeros vengan aquí. Pero si el gobierno se queda solo en este tema, sí sería preocupante.

En América Latina nos remitimos al caso de Colombia. Cuando uno conoce su historia, puede advertir que, a pesar de sus problemas con el narcotráfico, es un país con raíces educativas, con formación, con valores. Por eso no hay miedo a invertir.

Lo maravilloso de Colombia es ver su sentido de solidaridad increíble. Si algo diferencia a Colombia de otros países, como Venezuela y Argentina, es que esta problemática ha generado un sentido de solidaridad absoluto.

Para terminar: el futuro es de los jóvenes. En primer lugar, es fundamental que no pierdan la esperanza en su país, que ha sido capaz de abordar crisis en el pasado y salir adelante. En segundo lugar, es clave que se formen, lo cual significa que tenemos que producir una inversión significativa en el mundo de la enseñanza primaria y secundaria.

La gran revolución del país se producirá cuando todo el mundo tenga la misma igualdad de oportunidades.

Los jóvenes necesitan ir pensando que, dentro de una década, ellos van a ser los líderes. Por un tiempo, su responsabilidad es ser jóvenes y, poco después, cuando tengan veinticinco años, tendrán que ser los líderes.

Yo creo en la combinación de tres elementos: sentido de esperanza, sentido de formación, y sentido de responsabilidad entre quienes tienen que ser los líderes del futuro.

CONDOLEEZZA RICE

Para muchos, haber nacido afroamericana y en Birmingham, Alabama, podría haber sido una desventaja. Pero no para Condoleezza Rice.

Se graduó como bachiller *cum laude* en ciencias políticas, perteneciendo a la fraternidad Phi Beta Kappa, de la Universidad de Denver. En 1974, obtuvo la maestría en la Universidad de Notre Dame y su doctorado de la Escuela de Estudios Internacionales para Graduados en la Universidad de Denver. En 1986, mientras era becaria de asuntos internacionales en el Consejo de Relaciones Exteriores, trabajó en la planeación de la estrategia nuclear en el Estado Mayor Conjunto.

Su nombre, Condoleezza, se deriva de la expresión musical *con dolcezza*, que significa "con dulzura". Es una muy buena pianista, con muchos años de estudios musicales.

En sus actividades dentro del sector privado, fue miembro de los comités directivos de diversas entidades como Chevron Corp., Charles Schwab, William and Flora Hewlett Foundation, la Universidad de Notre Dame y el Consejo de Asesoría Internacional del J. P. Morgan.

Ha tenido una intensa actividad en la enseñanza. Como catedrática de ciencias políticas en la Universidad de Stanford, ha recibido las más importantes distinciones, como el premio Walter J. Gore por Excelencia en la Enseñanza, y el Premio de la Escuela de Humanidades y Ciencias, por enseñanza distinguida.

De 1993 a junio de 1999, Condoleezza Rice fue directora académica de la Universidad de Stanford.

En la administración del presidente George W. Bush, fue directora y luego directora de alto nivel del Consejo Nacional de Seguridad para Asuntos Soviético y de Europa Oriental.

En enero de 2001, fue nombrada asesora del presidente para Asuntos de Seguridad Nacional. El 26 de enero de 2005, fue nombrada como la 66ª secretaria de Estado de Estados Unidos, cargo que dejó el 20 de enero de 2009.

Pensar en dialogar con Condoleezza Rice no era un propósito menor. Esta mujer estuvo al lado de George W. Bush en los mejores momentos, así como en los más adversos y dolorosos. Esta mujer recorrió el mundo con su imagen de negociadora dura y poco flexible. Esta mujer estuvo por encima de secretarios de despacho y de posiciones de gran poder. Entraba y salía de la oficina oval cotidianamente y tenía la fuerza de poder "hablar al oído" al presidente del país más poderoso del mundo.

Entre los momentos históricos en que participó la señora Rice, podemos mencionar la invasión a Irak, que en primera instancia provocaría ese espíritu nacionalista de defensa a Estados Unidos; y el haber enfrentado el 11 de septiembre de 2001, que marcó un antes y un después en el devenir histórico de la humanidad.

Nuestra conversación tuvo lugar en la sala de juntas de la Universidad de Stanford. En los muros colgaban algunas de sus fotografías, que seguramente significaban mucho para ella y le daban al lugar un aire de sencillez y cercanía difícil de imaginar. En esta sala de juntas, relajada y en compañía de una de sus asistentes, se inicio la conversación, sin prisas ni presiones. A cada pregunta respondía con una ligera sonrisa, directamente y sin rodeos. Su rostro sólo se endureció al relatar pasajes como los referentes a Hugo Chávez.

Aquello fue mucho más que un diálogo. Fue un encuentro privilegiado con una de las mujeres más poderosas del mundo en momentos históricos que ya han quedado registrados en los anales de la humanidad y que marcaron un antes y un después para millones de seres humanos.

COMPARTIMOS EL MISMO CONTINENTE Y UNA FRONTERA MUY LARGA Y COMPLEJA, POR LO QUE NUESTRA COOPERACIÓN TIENE QUE SER MUY PRÁCTICA, NO TEÓRICA NI FILOSÓFICA, SINO PRÁCTICA PARA DAR CON LA SOLUCIÓN A LOS PROBLEMAS HOY.

Yo formaba parte de la administración del presidente Bush cuando el presidente Calderón vino por primera vez a discutir el problema del crimen organizado, particularmente en la frontera con Estados Unidos, y en general. Recuerdo haber pensado que era un verdadero paso hacia delante para nuestra relación que el presidente de México pudiera venir a tener una discusión como esa con el presidente de Estados Unidos, dada nuestra historia y relación de muchos años. Era positivo que pudiéramos discutir un problema serio de seguridad y tratar de hallar una manera de manejarlo y resolverlo. En verdad me parecía un gran paso hacia delante en nuestra relación.

El presidente Bush lo vio de igual manera. El presidente Calderón estaba preocupado por capacitar al ejército para que fuera capaz de asumir las tareas más duras, las que la policía no podía hacer. Estaba preocupado por tener un mejor equipo y mejor información e inteligencia sobre lo que estaba pasando.

Porque mucha de la estabilidad y seguridad de México y Estados Unidos están ligadas. Nosotros sentíamos que ésta era quizá una de las iniciativas más importantes que podíamos emprender.

Entiendo que ahora existe tal vez una violencia mayor, pero como nuestros amigos de Colombia podrán decir, a veces la violencia se pone peor antes de que las cosas mejoren. Confrontar a los cárteles es una necesidad absoluta para los dos países y por ello fui una gran partidaria de la Iniciativa Mérida. Creo que la administración del presidente Obama está haciendo lo correcto al continuar ampliando la cooperación.

Entiendo que hay una gran preocupación por la venta de armas. Nunca he creído que el problema más grande sea que las armas están entrando al país, pues los "señores de la droga" encontrarán la manera de comprar armas en algún lado. El tráfico de armas internacional, el mercado negro del tráfico de armas, tiene muchas fuentes, no solo Estados Unidos. Por eso hallarán la forma de obtener armas en donde sea. La pregunta es cómo asegurar que el ejército esté suficientemente armado y que tenga los materiales y las armas adecuadas para vencer a los cárteles.

Pienso que nuestra cooperación alrededor de la lucha contra los cárteles, es tan profunda y tan fuerte como lo ha sido respecto de cualquier otro asunto bilateral. La buena noticia frente al crimen organizado es que tenemos una interacción casi diaria entre los oficiales de mayor responsabilidad de los dos gobiernos. Ya no sólo se trata de una labor entre los embajadores. El secretario de Seguridad Interna invertía una gran cantidad de tiempo en temas con México, y creo que Janet Napolitano, hasta el día de hoy, sigue invirtiendo una buena cantidad de tiempo para tratar asuntos concernientes a México. También los secretarios de comercio lo hacían.

La relación de Estados Unidos con México no es igual a las relaciones exteriores entre Estados Unidos y Francia, o entre México y Brasil.

Por eso pienso que el trabajo no debe ser solamente entre los cancilleres o embajadores, sino que debe haber una cooperación directa entre todas las agencias de Estados Unidos y México. Incluso creo que hay temas en los que se debe incluir a Canadá.

Me gustaría que hubiéramos tenido una cooperación más fuerte en temas como migración. Recuerdo que el presidente Fox me decía que México quería que sus ciudadanos se quedaran en su país. No es bueno para México cuando hay gente con grandes ambiciones, gente que está dispuesta a trabajar duro y termina migrando a Estados Unidos.

Tenía la esperanza de que hubiéramos resuelto el problema de migración cuando estuvimos en el gobierno. Creo que el presidente Bush y el presidente Fox trataron de resolver el problema. Sin embargo, tuvo lugar el 11 de septiembre y estábamos muy preocupados con muchos otros temas en ese entonces.

También creo que la Iniciativa de Ley de Migración debió haber pasado en el Congreso de Estados Unidos, en 2007, pues creaba un programa de trabajadores huéspedes con el que tratábamos de resolver el estatus migratorio de quizás diez millones de personas que vivían en Estados Unidos. Éste hubiera sido un buen paso hacia delante en el tema de migración.

No veo ahora en Estados Unidos la voluntad política o el soporte político para la resolución de este tema. Me temo que estamos bajo muchas presiones políticas en estos momentos, porque en 2012 tendremos elecciones presidenciales. Y ustedes también tendrán elecciones presidenciales, lo que puede provocar que el tema se utilice con fines políticos. Yo casi prefiero que este tema no sea propuesto este año. Esperemos para volver a poner el tema migratorio en la mesa, tal vez hasta el año 2013, porque no creo que ésta sea la atmósfera correcta para resolver la cuestión migratoria.

Pienso que Estados Unidos está cometiendo un error enorme al fallar en resolver el tema migratorio, porque disfrutamos muchos beneficios provenientes de la inmigración a Estados Unidos.

Somos un país de inmigrantes. Hemos sido capaces de atraer a algunas de las personas más trabajadoras y con mayores ambiciones por medio de la inmigración. Y creo que vamos a tener que seguir haciéndolo, porque es la única forma de mantener "joven" a la población de Estados Unidos. Sin inmigración, tendríamos el mismo problema demográfico que Europa.

Debemos acceder a un espacio en donde ambos países defendamos nuestras leyes fuertemente, en donde las fronteras sean seguras habiendo encontrado la forma de desalentar la migración ilegal. Allí está la responsabilidad de México y de Estados Unidos.

Estados Unidos se beneficia mucho de la migración, pero creo que éste no es un buen año para tratar el tema en Estados Unidos.

Igualmente, no creo que sea el momento de reformar el Tratado de Libre Comercio (TLC). Hemos tenido algunos avances en establecer estándares para productos y en el tema del transporte, que parecía eterno. Y hemos tenido avances en extender los beneficios del TLC en el sur de México, porque los beneficios iniciales se quedaban únicamente en el norte. También hemos tenido buenos avances con el Tratado de Libre Comercio con Centroamérica, creando una Norteamérica más amplia, empezando con Canadá, pasando por Estados Unidos y México, para extenderse hasta Centroamérica. El TLC se ha movido en una dirección positiva.

De nuevo, mi punto de vista es que, por razones políticas, en agendas tan importantes como la migratoria y la económica es mejor hacer las cosas y no hablar de ellas. Porque cuando se habla de un "gran diseño", la gente que no gusta del libre comercio, de la inmigración, de México en sí, la gente que no gusta de los países extranjeros, tiene algo a lo cual oponerse.

Por eso prefiero el trabajo diario que hacen los representantes comerciales, nuestras secretarías de comercio o las del tesoro. Puedes lograr mucho sin hacer un gran anuncio. Puedes hacer muchas cosas sin decir: "Vamos a expandir el TLC", ya que cuando lo haces, la gente se pone muy nerviosa.

Podemos mejorar el TLC y hacerlo más relevante para otras áreas de la economía, pero yo lo haría discretamente y no mediando un "gran anuncio".

No creo que la relación de México y Estados Unidos haya cambiado después del 11 de septiembre, pero sí cambió la visión norteamericana sobre su seguridad. Y eso significó que, de pronto, las fronteras representaran algo distinto para nosotros.

Ya no representaban solamente un asunto de comercio, bienes o armas. Era cuestión de terrorismo y de procurar que nuestras fronteras fueran seguras contra el terrorismo. Creo que esto afectó más nuestra relación con Canadá, porque la frontera con Canadá era casi abierta. No necesitabas ninguna documentación para cruzarla. Después del 11 de septiembre, tuvimos que pensar seriamente la "frontera abierta". Por eso creo que afectó más la relación con Canadá que con México.

Nosotros ya teníamos fronteras controladas con México. En Texas, en California, en Arizona o en Nuevo México, dondequiera que había una frontera había un puesto de control.

El 11 de septiembre significó quizá que, por un par de años, la atención de Estados Unidos no se centró en este hemisferio como queríamos o como teníamos intención de hacerlo. La relación se hizo más fuerte otra vez entre 2004 y 2006.

No pusimos mucha atención en la noción más amplia de la relación entre Canadá democrática, Estados Unidos democrático y México democrático, después del 11 de septiembre. Teníamos muchas otras preocupaciones.

Por otro lado, siempre he pensado que una fortaleza para Canadá, Estados Unidos y México, es que podamos atraer más a Latinoamérica hacia el libre comercio. Creo que, como países miembros del TLC, nuestra mejor estrategia ahora sería tener la mayor cantidad de tratados bilaterales de libre comercio con otros países.

Nosotros tenemos tratados de libre comercio con Chile, con Colombia —esperemos que pase—, un tratado de libre comercio con Panamá y con Centroamérica en general.

Hay economías muy fuertes, como Chile, Colombia, incluso Perú. Brasil es una economía muy fuerte, pero aún insiste en seguir construyendo sobre el Mercosur. Hay que buscar aquellas economías que quieran cooperar.

La costa oeste del hemisferio occidental, desde Chile, pasando por México hasta Canadá, compite muy bien y creo que pueden beneficiarse con un tratado de libre comercio con Asia. Siempre he pensado que debemos transitar hacia el Consejo Económico de Asia-Pacífico, porque ahí están las economías fuertes.

No es que debamos competir contra los tigres asiáticos, sino que deberíamos estar haciendo tratados de libre comercio con ellos para que el "pastel económico" se hiciera más grande.

Pero hay problemas fuertes en la región latinoamericana. Venezuela es un problema. Su economía está decayendo. Cuando el precio del petróleo es alto es muy difícil detener a Hugo Chávez, porque gasta su dinero en esta y en aquella elección. Algunos dicen que él trató de meter dinero en la elección de México. Eso es algo con lo que se debe tener cuidado. Si esta sospecha se vuelve realidad en la próxima elección, la gente debe hacer algo y reclamarlo.

Creo que Chávez está destruyendo Venezuela y eso es triste porque estamos hablando de un país maravilloso que está teniendo muchos problemas en casa. Mientras más problemas tenga Chávez en casa, más difícil será para él causar problemas a otros y eso es bueno.

La mejor respuesta para fenómenos como el de Chávez, es llevar justicia social a la gente. México debe mejorar la vida de su gente.

La economía mexicana está creciendo y lo está haciendo muy bien. En el caso de Brasil, siempre me gustó mucho la forma de gobernar del presidente Lula, porque desde el principio se concentró en la educación de los niños y en la alimentación de la gente.

Chile es ahora un país de clase media. La clase media de Colombia está creciendo y se está haciendo más fuerte. Creo que mientras más fuertes sean estos países económica y socialmente, será más difícil para Chávez crear problemas dentro de ellos. Él puede crear problemas en los países pobres. Puede hacerlo en Centroamérica y en Perú. La mejor estrategia frente a Chávez es fortalecer la economía y la justicia social de nuestras democracias. Y tarde o temprano Chávez caerá víctima de sus propios errores y de sus propios problemas.

Nosotros viajamos a Latinoamérica en 2007. Fuimos a Brasil, Uruguay, Argentina y El Salvador. Decidimos antes de salir que el presidente Bush no mencionaría el nombre de Chávez y no lo hizo. Al momento en que llegamos al segundo país que teníamos planeado visitar, Chávez le decía a todos los medios: "¿Por qué no hablan de mí?"

Si Chávez trata de interferir en una elección, la gente debe evidenciarlo. Si trata de hacer lo que hizo en Colombia, ayudando a las FARC contra el gobierno, eso debe hacerse público. Pero en lo demás, debemos concentrarnos en el desarrollo, la justicia social, el crecimiento económico, y dejarle a él su circunstancia.

En mis recorridos por el mundo, me sorprende que la gente que tiene más ánimo y esperanza suele ser la que está en las circunstancias más desesperanzadoras. Y una se pregunta cómo pueden ver una mejor vida. Estamos aquí, frente a una fotografía de Nelson Mandela. Él sufrió en cárceles prácticamente toda su vida y, sin embargo, vio y creyó que había una esperanzas de seguir adelante. ¿De dónde vino esa actitud? Es muy difícil saberlo.

Yo crecí en Birmingham, Alabama, que era un lugar muy prejuicioso y segregacionista, pero mis padres creían que yo podía hacer cualquier cosa. Y me enseñaron que yo podía hacer lo que fuera si trabajaba duro.

Creo que necesitas alguien que crea en ti. Y en el caso de la ciudadanía, se necesitan líderes que crean en su pueblo, que digan la verdad aún en tiempos difíciles.

Que les digan a las personas: "Esto es lo que hay que hacer para resolver un problema", líderes que traten a sus ciudadanos como adultos, no como bebés o como niños al ocultarles datos y factores. Creo que esos son los líderes que guían a la gente hacia tiempos mejores.

Puedes ver lo que han hecho los grandes líderes en tiempos de guerra. Como Abraham Lincoln en Estados Unidos. El país estaba casi devastado por la Guerra Civil y aun así convenció a suficientes personas de que podíamos ser una sola nación después de todo. Y también fue un espíritu generoso, ya que después de que el sur fue derrotado, no lo castigó. Tenía un gran corazón.

De algún modo, los líderes que pueden ayudar a las personas a ver más allá de sus circunstancias inmediatas, son personas muy valiosas y no suele haber muchas así. En mi experiencia, para la construcción de acuerdos que han colaborado a cambiar el mundo, se requieren liderazgos que sepan distinguir lo importante.

Si únicamente tratas de ser popular, no vas a hacer nada importante.

Creo que los líderes que hacen a un lado las críticas de otros para seguir adelante, son los más importantes. Me parece correcto que los líderes hagan aquello en lo que creen.

Por otra parte, ya que haces un acuerdo, tu siguiente problema es que la burocracia haga que se lleve a cabo. Algunas veces, haces un acuerdo y nada pasa. La burocracia se sienta y no pasa pasa. Así que creo que una cosa es liderar y otra es ser un buen administrador de la implementación de políticas. Debemos destacar en ambos rubros.

Respondiendo a mi historia, siempre he dicho que nací mujer. Por lo tanto no sé cómo es ser hombre. Yo sólo hago mi trabajo y tratamos de hacerlo bien.

Nunca he pensado si alguien está reaccionando hacía mí por ser mujer. Fui secretaria de Estado, no "mujer secretaria de Estado". Por tanto, sólo me responsabilicé de mis tareas. Si inviertes mucho tiempo pensando en ser mujer o preocupándote por ello, no te queda tiempo para hacer tu trabajo. Por eso es que casi nunca pienso en ello.

El ser mujer proporciona ventajas en estas posiciones. Solía alegrarme cuando las niñas pequeñas decían: "Ahora que te he visto, pienso que quiero ser secretaria de Relaciones Exteriores". Una vez, en Medio Oriente, se me acercó una niña de aproximadamente trece años cuyo padre era un clérigo musulmán muy conservador, y me dijo: "Quiero ser secretaria de Relaciones Exteriores también". Y pensé que era positivo el que una mujer fuera secretaria de Estado de Estados Unidos y que las niñas pequeñas supieran que eso es posible.

Entre todas las decisiones de mi vida, la más importante fue cambiar de carrera. Yo debí haber sido pianista. Afortunadamente, me di cuenta de que no iba a ser una concertista grandiosa, aunque tocaba muy bien. Por eso empecé a buscar otros temas de mi interés y tomé un curso de política internacional. Tomé la decisión de convertirme en una especialista, primero en la Unión Soviética y luego en política internacional. Y eso cambió mi vida.

Siempre digo a mis estudiantes que eso cambio mi vida porque encontré algo que realmente me apasiona. Y no dije: "Soy una mujer negra y no debo estudiar a la Unión Soviética". Eso no importó y estudié a la Unión Soviética. Tal fue el momento decisivo de mi vida. Y así llegué a Stanford por primera vez en 1981. Es una gran escuela para enseñar.

A los jóvenes mexicanos les diría que son muy afortunados de vivir en un México democrático. Ese no fue siempre el caso. Deben mucho a la gente que hizo esto posible, que luchó y sufrió por ese México democrático. No hay mayor regalo que vivir en una sociedad libre.

Les diría que, habiendo recibido ese gran regalo, es su responsabilidad protegerlo, ayudar a aquellos que tienen menos y trabajar fuerte.

Y nunca jamás deben sentirse víctimas, porque en el momento en que uno se asume de este modo, pierde el control de su vida. Puede que no tengas el control de tu circunstancia, pero sí puedes controlar la forma en la que respondes a tu circunstancia.

Apelo a la gente joven de México para que lo conviertan en un mejor país de lo que es ahora. No olviden que existió mucha gente que trabajó muy duro por hacer de México el Estado democrático y libre que es ahora.

ÁLVARO URIBE

Álvaro Uribe es probablemente el colombiano más conocido internacionalmente por su labor en contra de la guerrilla y la inseguridad, para traer la paz a Colombia luego de décadas de intranquilidad.

Uribe fue presidente de Colombia en dos periodos, de 2002 a 2006 y de 2006 a 2010. En su movimiento tuvieron cabida ciudadanos de todas las vertientes ideológicas.

Antes, había sido director de Aeronáutica Civil, nombrado por el presidente Julio César Turbay, alcalde de Medellín durante el gobierno de Belisario Betancourt, ministro de Trabajo, gobernador de la provincia de Antioquia y senador de la República.

Nació el 4 de julio de 1952, en Medellín, Antioquia. Se graduó en derecho en la Universidad de Antioquia y cursó estudios en administración, gerencia y negociación de conflictos en la Escuela de Extensión de la Universidad de Oxford.

Al ser electo presidente de su país, su mandato se caracterizó por la lucha frontal contra los grupos guerrilleros y el narcotráfico bajo un programa de gobierno denominado "Política de Seguridad Democrática", que fue amparada en parte por el Plan Colombia.

Su gobierno llevó a cabo una controvertida desmovilización de grupos paramilitares activos; promulgó leyes como la Ley de Justicia y Paz para reducir espacios de acción a la guerrilla.

Al final de sus dos periodos presidenciales, la percepción sobre Colombia había cambiado dramáticamente en todo el mundo.

Por su labor en la lucha contra la guerrilla y el narcotráfico, y por las reformas impulsadas como presidente de su país, Uribe ha recibido múltiples condecoraciones, entre las que sobresalen la Medalla de la Libertad que le otorgó el presidente de Estados Unidos, George W. Bush, y diversos reconocimientos *Honoris Causa* por universidades de varias partes del mundo.

Para la elaboración de este libro, Álvaro Uribe significó uno de mis grandes desafíos, y sólo fue posible dialogar gracias a la solidaridad de amigos comunes.

El encuentro se dio en un sótano de un hotel de la ciudad de México. A pesar de su apretada agenda le "robamos" algunos minutos para esta conversación. Ahí me quedó claro que vive con un sistema de seguridad personal que le exige disciplina y que, sin duda, es ya parte de su vida cotidiana.

Si bien había conocido al presidente Uribe en una visita oficial a Colombia, tenerlo enfrente me permitió conocer más de cerca uno de los liderazgos más firmes y contundentes en sus definiciones, así como uno de los más preparados para comprender lo que hoy México enfrenta en la agenda de seguridad.

Álvaro Uribe habla con energía y con pasión. Sus ideas son precisas y transmite con claridad sus experiencias para enfrentar la violencia y promover la paz y la justicia con el respaldo ciudadano.

CUANDO SE DA EJEMPLO DE FIRMEZA, SE ADQUIERE LEGITIMIDAD PARA EXIGIR APOYO Y COOPERACIÓN.

Hay un hecho: en doscientos años de vida independiente, Colombia ha tenido apenas cuarenta y siete años de paz. Cincuenta por ciento de las familias de Colombia han tenido una víctima directa de la violencia. No obstante, faltaba un compromiso político.

Con nuestra llegada, se juntan el hecho con el compromiso. La ciudadanía, que era la victima de ese hecho, se empieza a encontrar con ese compromiso.

Se hablaba de la política social pero no se hablaba de la seguridad. Entonces dijimos: "¿Cómo vamos a lograr lo social si no hay seguridad?" Si no hay seguridad no hay inversión para que tengamos los recursos para lo social.

Empezamos a montar tres políticas: seguridad, inversión y la política social y a demostrar cómo se relacionan estas políticas entre sí. Involucramos permanentemente a la ciudadanía en talleres para discutir los programas de gobierno. Por mi parte, al entrar en el ejercicio de gobierno, tenía un contacto permanente con la ciudadanía, un contacto muy serio, no de promesas sino de compromisos y de búsqueda de opciones. Este factor se convirtió en un gran puntal para la política de seguridad. Nosotros dejamos cuatro millones de ciudadanos organizados para cooperar con las fuerzas armadas. Fue un trabajo permanente con la ciudadanía.

En Colombia, la seguridad obtuvo victorias tempranas. Eso devolvió a la ciudadanía una esperanza que se había perdido, la de poder tener un país seguro. También introdujimos una serie de incentivos para aumentar la inversión. Al mismo tiempo, hicimos un esfuerzo para acompañar la seguridad y la promoción de la inversión con más educación, con más salud, con mejor nutrición infantil, con más microcréditos.

El caso de México se destaca por la gran determinación del presidente Calderón. En la lucha contra el terrorismo no puede haber marcha atrás.

No hay que pedir una cooperación internacional más amplia, sino exigirla todos los días. La actitud firme al interior del país se convierte en la gran autoridad moral para exigir la cooperación internacional.

Los colombianos cambiaron su estado de ánimo desde el primer día, porque en la toma de posesión hubo un atentado grande contra el edificio del congreso, contra la presidencia. Murieron veintitrés personas e hirieron a más. Desde la hora cero la ciudadanía sintió nuestra firmeza y, al amanecer del siguiente día, en lugar de quedarme en desayunos diplomáticos en Bogotá, emprendimos la tarea de recuperar la seguridad en el interior del país. A los pocos días, logramos una victoria temprana: que los ciudadanos pudieran salir a las carreteras. Tales victorias ayudaron a crear confianza para la visión de largo plazo.

Es increíble, pero tuve más consenso ciudadano y más oposición política. Sin embargo, el poder ciudadano fue mayor, mucho mayor que el político.

Y para seguir ejerciendo ese poder ciudadano, la nueva generación debe ser ejemplo de firmeza. La nueva generación reclama el derecho a estudiar, a tener ciencia, a vivir con disciplina, a vivir feliz y sin el riesgo del terrorismo.

En un país donde el terrorismo ha matado tanta ciudadanía, es muy importante que la nueva generación se sienta reparada, gozando del derecho a la no repetición.

REBECA GRYNSPAN

Esta economista costarricense ha sido un referente en la política de su país y del mundo por su lucha contra la pobreza y por sus artículos, conferencias y acciones contra la desigualdad y en favor de la equidad de género.

Nacida en San José, Costa Rica, el 14 de diciembre de 1955, Rebeca Grynspan estudió economía y sociología en la Universidad Hebrea de Jerusalén. Obtuvo la maestría en economía en la Universidad de Sussex, Inglaterra.

En Costa Rica, fue viceministra de Hacienda, ministra de Vivienda y Asentamientos Humanos, ministra coordinadora del sector económico y del sector social del gobierno, además de segunda vicepresidenta de la república, en la administración de José María Figueres Osen.

En febrero de 2010, fue nombrada secretaria general adjunta de las Naciones Unidas y administradora asociada del Programa de Naciones Unidas para el Desarrollo, PNUD; antes se había desempeñado como directora de la sede subregional en México de la Comisión Económica para América Latina, CEPAL.

Rebeca Grynspan es una firme y consistente defensora del desarrollo humano y ha colaborado intensamente en centrar la atención del mundo sobre la necesidad de reducir la desigualdad, crear cohesión social, dar autonomía a la mujer y alcanzar los objetivos de desarrollo del milenio.

Tuve la suerte de conocer a Rebeca Grynspan durante mi gestión en la Secretaría de Desarrollo Social. Desde entonces fincamos una amistad profunda. Por mi parte, hay un gran respeto por su capacidad para diseñar políticas públicas y por su visión integral en aspectos económicos y sociales.

Con un liderazgo de gran presencia y sin desperdicio, Rebeca Grynspan mantiene siempre una actitud afable que invita a la cercanía y a la confianza.

Conocedora a fondo de América Latina y, sin duda, de México, sus palabras expresan también un gran aprecio por nuestro país y un entendimiento detallado de sus avances, aunque también sabe que existen áreas de oportunidad que debemos atender en lo político y lo económico.

LOS ACUERDOS NO PONEN EN RIESGO EL DESTINO COMÚN.

Para mí, México sigue siendo un gran enigma. Por un lado, es país de grandes cosas, un país inserto en el mundo. Cuando uno está en México, no está aislado del mundo. México figura en el debate mundial; tiene todas las cosas que están en la frontera tecnológica, del conocimiento, del debate. No obstante, por otra parte omite jugar el papel que esas potencialidades le brindan. Uno ve las potencialidades que se desarrollan en ciertos ámbitos, pero el país no logra convertirse, digamos, en la China de América Latina. ¿Por qué? México es un jugador grande, importante. Esa potencialidad no está desarrollada en su máxima expresión y eso constituye el mayor enigma para mí.

Hay toda una evolución que se ha quedado en lo federal sin alcanzar a lo estatal, a lo local. Y entonces, tal vez, parte del enigma sea que existen muchos "Méxicos". ¿Cómo llevar las cosas tan buenas que han sucedido en los últimos años también a los niveles estatales en un país tan diverso, federal? Me parece que éste es el mayor reto.

Yo quisiera ver en los estados mexicanos más transformación del gobierno federal, misma que Vicente Fox trató de consolidar con base en la transparencia y la rendición de cuentas.

En México existe un ánimo mixto muy permeado por el tema de la violencia. Parte del tema de la esperanza es poder pensar en un futuro libre de miedo. En cuanto al tema de la violencia, el no poder entender su evolución, lo que es dable esperar, me parece que ha afectado mucho el ánimo y la perspectiva de México desde el exterior. Y esto afecta el ánimo interno del país. Afecta a la gente.

Parte del problema consiste en preguntarse por qué no es posible hacer acuerdos de amplia base política en México para las cosas más fundamentales. Porque uno no puede dar esta pelea sin amplios acuerdos políticos con un proyecto de nación común.

La imagen de México está permeada por dos hechos: en mi opinión, el tema de la violencia está sobrerrepresentado en las noticias sobre México en el exterior. Lo segundo es el tema económico porque, por un lado, sigue siendo un país estable pero sin altas tasas de crecimiento. La gente sabe que México necesita crecer a un nivel de seis o siete por ciento anual por muchos años para enfrentar parte de los retos de los grupos más rezagados de la población, pero eso no sucede. También me parece que el país está plagado como por cierta sensación de confort y no por una dinámica que emocione, que entusiasme.

En el tema de la economía, todo está dentro de límites muy razonables, con un buen manejo. Pero como decimos nosotros, como que "se cebó", como que había esta expectativa de que México iba a ser realmente una potencia económica, en el sentido de un crecimiento muy dinámico.

Uno de los elementos más importantes que se advierten al analizar la situación mundial, es que, sin acuerdos políticos básicos que definan un rumbo futuro, es muy difícil que una democracia avance.

México tiene varios retos importantes. Creo que ha hecho mucho. Lo que pasa es que uno tiene que buscar la manera de que el tema distributivo se dé en cierto tipo de "evolución primaria" y no en la redistribución del Estado. ¿Cómo logramos fortalecer esa apuesta para que estén internalizados en el sistema los elementos a favor de sociedades más equitativas, y que no sea el Estado el que tenga que venir a redistribuir *ex post*?

Ha habido mucha mayor cobertura en los servicios. Siendo así, el tema de la calidad se convierte en el siguiente elemento a considerar. Ahí la apuesta que México hizo es correcta y el gran reto que tiene hoy en día es lograr calidad en los servicios, que si no mejoran seguirán reproduciendo la desigualdad.

El otro tema a considerar es el del empleo. ¿Cómo llevan ustedes ese crecimiento dinámico a las regiones del interior? Esto lo aprendí visitando poblados dispersos en los que hay que generar una dinámica económica regional.

Además, México todavía tiene subinversión. Las tasas de inversión para este país siguen siendo muy bajas, incluyendo las de inversión pública. Hay varios ámbitos de subinversión. México tiene fabulosos aeropuertos y carreteras, pero no en todas partes del país. Todavía existen territorios rezagados en lo relativo a infraestructura básica. La tarea de inversión en infraestructura básica del siglo XX no está concluida. Falta toda la red de energía y de agua. Las tasas de inversión de México están muy concentradas en pocos proyectos. El gran reto consiste en saber cómo lograr los objetivos de 10 mil proyectos y no de cien. ¿Cómo es que lo hacemos sin apostar sólo a proyectos gigantes, para que muchos otros proyectos representen una fuente de enorme dinamismo?

Otra área de subinversión que lleva a la dependencia fiscal es la del petróleo. Yo no considero viable superar muchos de estos elementos con tasas fiscales tan bajas.

En el asunto de la inversión no podemos dejar de considerar que el poder oligopólico en los mercados mexicanos es muy alto. Aunque puede decirse que esos mercados siguen mostrando tasas de inversión muy altas, aun con manejos oligopólicos de consideración, la situación genera un problema de falta de regulación. En México hay servicios que son muy caros.

Yo coincido con el valor fundamental de que los mercados tienen que ser más competitivos, pero no estoy tan convencida de que ese sea el punto central, porque estamos ante sectores cuya tasa de reinversión en México es muy alta. Lo que sí creo es que, al no existir tasas tributarias que compensen, los mercados se concentran en muy pocos sectores y territorios. Ésta sí es una consecuencia negativa, porque mucha de la utilidad está concentrada en sectores que tienen gran capacidad de reinversión, pero dentro de su propio sector y en su propia dinámica. Entonces, es mucho más importante la posibilidad de establecer vínculos con otros sectores, vínculos que logren permear en favor de todo un dinamismo económico que vaya mucho más allá.

Creo que México abandonó la política sectorial demasiado pronto. Cuando uno tiene dinámicas menos fragmentadas puede dejar la política sectorial, pero cuando no es así, se debe intervenir para promover la unión y no la fragmentación.

Desde el gobierno, uno tiene que intervenir de dos maneras: La primera es la regulación, pero sabemos lo problemático que resulta esto en economía política. La otra consiste en lograr esos encadenamientos, esas uniones, que no se dan automáticamente. Hay muchos programas correctos en los ministerios mexicanos, pero nada que aspire a ser una política importante.

Los riesgos que se tomaron en el área social, como sucedió en el programa Oportunidades, con su enorme impacto en millones de personas, no se tomaron en el área económica. México se ha quedado en el mismo lugar, mientras que otros países lo han hecho mejor.

La apuesta de México a la apertura no me parece mal, pero soy severa con el hecho de no haber acompañado esa decisión con las políticas internas adecuadas para aprovecharla en su potencialidad y, me parece, esto tiene que ver también con el menosprecio del mercado interno.

Una de las cosas que uno ve en Brasil, es que el mercado interno juega un papel fundamental. La inversión principal en México, la atracción de inversiones, estuvo basada en la posibilidad de la exportación de bienes. La inversión en Brasil se basó en aprovechar el mercado interno, que es menos volátil porque no depende totalmente del mercado externo. Lo que le faltó a la política fue agregar balance a la apertura en sí. No hubo un acompañamiento de políticas en el ámbito interno para unir, en términos de cadenas de valor, por ejemplo, a la industria automotriz.

No se resolvió debidamente el aprovechamiento del mercado interno ni se generaron políticas que incentivaran la aglomeración dinámica de los productos ligados al mercado externo e interno.

El crecimiento es demasiado bajo para México. Algunos dicen: ¿por qué nos abrimos? Yo diría que esa no es la pregunta, sino que debemos cuestionarnos por qué solamente nos abrimos.

Para crecer, habría que superar las negociaciones de acuerdos al estilo "toma y daca". No puede esperarse que fracase el presidente para ganar las elecciones. En un aspecto que es tan básico para el país como la lucha contra el narcotráfico, hay que hacer un acuerdo que conduzca a políticas en el corto plazo.

La apuesta del presidente Calderón en esta lucha es vista con mucha admiración en varias partes del globo. Es una apuesta muy valiente. Lo que sorprende, digamos, es la falta de ese acuerdo nacional que permita un resultado posible y compartido.

Hay algo que aprender ahí: hay sectores que no apuestan al fracaso en políticas fundamentales, porque saben que eso debilita mucho las posibilidades de los países, incluso con un buen líder.

Yo no sé si existen los elementos para el logro de los acuerdos y la resolución de conflictos que permitan más acuerdos de largo alcance. ¿Existe ese ADN dentro del legislativo y del ejecutivo mexicano para hacerlo? No lo sé. La construcción de la confianza es importante.

No sé si falta de confianza en ustedes mismos o entre ustedes mismos.

Yo diría a los jóvenes mexicanos que no se vayan, que se queden a construir el país. Los jóvenes del mundo de hoy están globalizados. Los necesitamos para construir sus respectivos países.

Vean lo que ha pasado en México en los últimos treinta años y dense cuenta del enorme camino recorrido para poder tener esperanza. Uno tiene que ver dónde estaba para saber todo lo que ha pasado.

Propongan formas de participación para construir el país. Los partidos políticos no están "reclutando" a los jóvenes para que puedan participar. Entonces esa es una gran pregunta: ¿dónde van a construir este país mejor? ¿A dónde acudir para construir la nueva política?

México no tiene el atractivo que debería tener siendo el país que es. Hay que remover todos los obstáculos para el ejercicio de la creatividad y así actualizar la capacidad que tiene el país.

CÉSAR ALIERTA

César Alierta es el presidente ejecutivo de Telefónica desde julio de 2000. También preside el Consejo Empresarial para la Competitividad en España.

Este empresario es ya un español global: logró que Telefónica fuera una de las empresas incluidas para el cálculo del índice Dow Jones en la Bolsa de Valores de Nueva York. En 2009, lideró una de las mayores alianzas estratégicas en el mundo de las telecomunicaciones, con la operadora asiática China Unicom. Los lectores de *Global Telecom Business* lo eligieron como uno de los cinco ejecutivos más influyentes del mundo, y todos reconocen que, cuando fue electo presidente ejecutivo de la empresa, Telefónica regresó al buen camino. Hoy, es una empresa con relativamente poca deuda, extremadamente rentable y líder tanto en el mercado español como en el mercado latinoamericano de las telecomunicaciones.

Nació el 5 de mayo de 1945. Es hijo del alcalde de Zaragoza, Cesáreo Alierta. Su carrera empresarial inició en el Banco Urquijo, donde entró a trabajar en 1970 como analista financiero. Diez años después era ya el director de la División del Área de Mercado de Capitales de esa institución, desde donde se encargó de la preparación de los altos ejecutivos que se encuentran instalados en las más importantes sociedades y agencias de bolsa de España.

A mediados de 1985, creó la sociedad de bolsa Beta Capital, de la que es el mayor accionista. En diciembre de 1991, fue nombrado presidente de la Asociación Española del Mercado de Valores.

En junio de 1996, José María Aznar, a la sazón presidente de España, lo nombró presidente de Tabacalera y en 2000 fue nombrado presidente de Telefónica.

En junio de 2010, César Alierta fue premiado con la medalla Americas Society por su contribución al crecimiento y desarrollo de América Latina. Se convirtió así en la primera persona no latinoamericana en recibir ese galardón.

Puedo afirmar que encontrarme con César Alierta fue, por decir lo menos, una experiencia de vida. Acordamos un encuentro por la tarde y, mientras yo hacía tiempo en la habitación de mi hotel, él esperaba sentado solo en el lobby, con inusitada sencillez.

En esta conversación fluyeron historias, anécdotas, definiciones. En segundos, pasaba de un lado al otro del mundo, un mundo que pertenece a una nueva generación que lo ha cambiado para siempre. Eso lo tiene muy claro.

Nunca dejaré de agradecer a quien hizo posible este encuentro con uno de los liderazgos más particulares y audaces. Durante todo el diálogo mantuvo presentes las complejas transformaciones que suceden tan rápidamente en su sector, que representan retos continuos de innovación y que contagian al resto de las áreas económicas, que no se detienen ni se detendrán.

Lᴏ ᴘʀɪᴍᴇʀᴏ ǫᴜᴇ ꜱᴇ ɴᴇᴄᴇꜱɪᴛᴀ ᴘᴀʀᴀ ᴀᴠᴀɴᴢᴀʀ ᴇꜱ ᴄᴏɴꜰɪᴀɴᴢᴀ ᴀʟ ᴄɪᴇɴ ᴘᴏʀ ᴄɪᴇɴ.
Los países de América Latina que se han enfocado al exterior van fenomenal —pensemos en el caso de Chile— pero los países que se han aferrado a una mirada dirigida al interior, tienen más problemas.

La fuerza de América Latina está, primero, en la gente muy preparada. Segundo, y muy importante, la gente del mundo sabe que los latinoamericanos son muy trabajadores.

Se respeta mucho la forma de trabajar de los anglosajones, pero los latinoamericanos y los hispanos trabajamos tanto o más que ellos.

Hay un factor muy importante que se desconocía a nivel mundial: la capacidad y el profesionalismo de los brasileños; tienen una clase media muy preparada y un nivel de empresa de tipo medio y pequeño muy preparada y volcada al mercado interior.

Creo que el presidente Fernando Cardoso y el presidente Luis Ignacio Lula se enfocaron en este fenómeno de la globalización con una apertura importante a los mercados internacionales. Fomentaron así competencia en el mercado interior brasileño. Creo que eso ha sido una dinámica que ha puesto a Brasil totalmente en marcha.

La seguridad que tiene uno en Brasil es absoluta. Desde Cardoso al presidente Lula, todos los que estamos en Brasil sabíamos que no recibiríamos sorpresas negativas. Eso ha hecho que las inversiones en Brasil hayan sido importantísimas. El gran acierto de este país ha sido fomentar una política ortodoxa, en que la seguridad jurídica es transparente. Nadie tiene dudas de que se puede invertir y de que las reglas del juego son claras.

Creo que ellos también han conseguido algo muy importante: la penetración de Brasil a nivel mundial. En la lista de las cuarenta compañías más importantes del mundo, hay tres que son brasileñas. De hecho, Petrobras en este momento va a crecer. Los bancos brasileños son muy importantes. Hay muchas empresas importantes que se han adelantado al concepto de la globalidad.

Un caso similar en Europa es Alemania. Después de la crisis de reunificación se dio cuenta de que tenía que exportar más, ser más competitiva y que su futuro dependía de la penetración a los mercados internacionales. En medio de la crisis, uno de los países que mejor resiste ha sido Alemania. Creo que son dos casos muy importantes.

Lo que yo conozco bien es mi mundo. El mundo de Telefónica es el mundo digital. Y el mundo va claramente hacia un mundo digital, todo digital. Las nuevas generaciones viven a través de Internet, se comunican por Internet, venden y compran por Internet. Es un mundo digital.

Cuando fuimos a México, la penetración de los móviles era muy baja y la de la banda ancha era inexistente. Afortunadamente creo que la presencia de Telefónica en México ha estimulado la competencia. Cuando llegamos, la penetración era de veintidós por ciento. Ahora está en ochenta por ciento. La penetración de los móviles en México es mucho más baja que a nivel latinoamericano. Lo que falta es mayor competencia.

Nosotros estamos muy satisfechos por nuestro veintiuno por ciento de participación en el mercado, pero nos ha costado diez años y once mil millones de dólares. Hemos invertido porque pensamos que íbamos a estar para largo plazo en México y así la inversión sería para siempre. El entorno en el que se regulan las telecomunicaciones en México es más positivo, va mejor. Hay una creciente visión de que es fundamental que México desarrolle todo el tema de la banda ancha fija y móvil, porque es fundamental para competir.

Va a haber un crecimiento exponencial de la banda ancha móvil, que será muy importante para mejorar la competitividad. A nivel mundial, todo esto del mundo digital es una cosa nueva pues los gobiernos no están muy preocupados por ello.

Cuando vino la crisis, todo mundo hablaba de hacer carreteras, puentes, pero nadie hablaba de las tecnologías de la información y la comunicación. Yo decía en una reunión en el G20: "Somos un sector que no pide dinero público. Lo que pedimos es una regulación adecuada. Somos los más baratos del mundo, los que más incrementamos la productividad, pero necesitamos una regulación adecuada. Todos los demás piden ayuda estatal".

Algunos gobernantes no lo entienden y, por lo tanto, están en el discurso keynesiano clásico de los gastos de infraestructura. Las cosas están cambiando, pero es fundamental que se entienda esta mentalidad digital, que pasa por una mejor regulación. Nosotros estamos dispuestos a invertir —todos los operadores—. Habrá grandes oportunidades y creación de muchos puestos de trabajo en temas digitales que antes no existían. Además, hay que recordar que en la política se toman decisiones por dos o tres años. Los tiempos te los marcan las elecciones y, claro, eso hace que se tomen decisiones de corto plazo.

Las empresas, por el contrario, tenemos la ventaja de que, aunque tenemos un examen diario en los mercados, podemos tomar decisiones a diez años. Yo creo que en política hay mucho cortoplacismo.

Uno ve, por ejemplo, que en la educación no hay ninguna facultad de enseñanza de comunicación digital. En la Facultad de Comunicación, siguen explicando cómo se hace un periódico, pero no hay títulos universitarios de una cosa en la que hay miles de seguidores, miles de millones de consumidores. No hay escuelas en las que se expliquen cómo se hace un blog, cómo se hace la comunicación. Se necesita este tipo de escuelas, porque hay cantidad de puestos de trabajo de aplicaciones para Internet, de aplicaciones para móviles.

El tipo de personajes que requieres para producir en el sector de las telecomunicaciones ha cambiado radicalmente. Porque ahora necesitamos menos gente en la planta y más gente en Internet, más gente en las aplicaciones, más gente en servicios, más gente en educación digital. Es un campo nuevo que crea miles y miles de puestos de trabajo, pero que es muy nuevo y somos nosotros los que debemos preparar a la gente.

Hacen falta más ingenieros, más matemáticos, más físicos, más gente preparada en Internet. Más chicos y chicas preparadas en el mundo digital. No tengo nada contra las enseñanzas clásicas. Y soy abogado. El mundo no lo van a cambiar los abogados.

El problema es que esto ha sucedido en cinco años, porque hace diez años ni sabíamos que existía. Es un campo tremendo y México tiene una oportunidad tremenda. Primero por el mercado mexicano, que representa 110 millones de personas, y luego por los vecinos que tiene abajo y arriba.

Al final, México es el país hispanoparlante más grande del mundo, con la ventaja de que está al lado de Estados Unidos. Todo mundo puede asimilar esa doble cultura hispánica-anglosajona, y creo que ahí tienen una posibilidad tremenda, pero necesitan ver más hacia afuera.

En el desarrollo de la banda ancha móvil, ha sido muy positivo el tema de la subasta del espectro, en el sentido de que va a permitir su avance. Cuanto más se desarrolla la banda ancha móvil, más se estimulan las inversiones y la competencia.

Al final del día, en México somos aún menos jugadores que en otros sitios. No se compara con Brasil, donde somos cinco jugadores potentes; Alemania tiene cuatro; en Gran Bretaña somos seis. La cuestión es no perder más tiempo.

México tiene todo. La seguridad jurídica ha mejorado muchísimo. En el pasado te ponían zancadillas. Esto ha cambiado radicalmente en los diez últimos años. En esos diez años que llevo de Presidente de Telefónica, se ve muchísimo mejor a México. Está más abierto, con un rol cada vez más importante y con un nivel de confianza muy destacado.

Debo reconocer que mi competidor más importante, el señor Carlos Slim, es listísimo. La verdad es que en México pueden estar orgullosos del grupo de Carlos Slim, porque es un grupo con una potencia mundial muy importante. Es la empresa mexicana más importante en todo el mundo. Es un gran competidor, tiene una penetración muy importante en toda América Latina.

Pero México necesita un poco más de competencia, reglas que sean claras, que favorezcan las inversiones y la competencia. Creo que México ha dado un salto muy importante, pero yo esperaba un poco más.

Porque una ventaja que tiene México para atraer el ahorro mundial es que a Estados Unidos le interesa mucho el tema de México. Cuando voy a San Francisco a ver inversionistas, me preguntan por México. No me preguntan nunca por Alemania. Yo siempre he tenido una teoría: que ellos conocen muy mal todo lo que no es Estados Unidos.

España es un país pequeñito, de 47 millones de habitantes, y tiene el ahorro que tiene. Con el ahorro español solamente, Telefónica no podría hacer nada. Los ahorradores son los americanos, los europeos, los japoneses, los asiáticos, y para eso necesitan tener confianza. Eso es clave.

Se dice que el enfrentamiento al crimen organizado puede afectar esta confianza en México. Para mí, que el presidente Calderón esté enfocado en este problema tan importante, es un factor que ánima más a invertir en México.

Creo sinceramente que los medios de comunicación están todo el día en el tema del narcotráfico. No quiero comparar, pero a mí nadie me ha dicho que no invirtiera en España por la ETA. Jamás.

Este fenómeno nos lleva a reflexionar sobre el papel que juegan las telecomunicaciones en la apertura de la libertad en los países. Yo creo que las telecomunicaciones y la libertad van de la mano, pero sería muy importante que se regulen bien. No es muy complicado y lo puede hacer el Estado perfectamente.

Las telecomunicaciones no tienen límite; hacen que la información y la educación puedan seguir a cualquier persona, independientemente del lugar en donde esté ubicada. Además, iguala totalmente. Así, un niño de los Andes tiene la misma posibilidad que un niño de Hamburgo de tener toda la información a la mano.

Nosotros tenemos un programa que se llama Proniño. Su objetivo es rescatar niños que trabajan para llevarlos a las escuelas. Tenemos ya doscientos mil niños. Hay una igualación que la generación previa nunca tuvo. Por eso a los jóvenes les digo que la educación es la clave: que se eduquen y se preparen en lo que tiene futuro.

ANDRÉS OPPENHEIMER

Forbes Media Guide ha dicho, seguro con razón, que Oppenheimer es uno de los quinientos periodistas más importantes de Estados Unidos y la revista *Poder* lo calificó como una de las cien figuras más poderosas en América Latina.

Nació en Buenos Aires, Argentina, en 1951 y reside en Estados Unidos. Publica su columna "El Informe Oppenheimer" en más de seiscientos periódicos de Estados Unidos y América Latina. Oppenheimer hizo sus estudios en la facultad de derecho de la universidad de Buenos Aires. En 1976, ganó la beca del World Press Institute para seguir sus estudios en Macalester College de St. Paul, Minnesota. En 1978, obtuvo su maestría en periodismo por la Universidad de Columbia, en Nueva York.

Como periodista, ha obtenido los más prestigiosos premios que sea dable conseguir a los profesionales de esta actividad: coganador del Pulitzer en 1987, el María Moors Cabot en 1998, el Overseas Press Club Award, de Washington, en 2002, el Algaba, en Madrid, en 2009, el Rey de España en 2001 y el Emmy Suncoast en 2005.

Es autor de siete libros sobre diversos aspectos de la vida latinoamericana. Entre éstos, sobresalen *Cuentos chinos*, donde narra la forma como América Latina y, en especial México, no reaccionan ante el empuje de la potencia asiática; *México en la frontera del caos*; *Crónicas de héroes y bandidos*; y el más reciente: *¡Basta de historias! La obsesión latinoamericana con el pasado y la clave del futuro*.

Andrés Oppenheimer es ya un referente obligado en muchas de las agendas de nuestros países. Estudioso incansable y audaz, directo en sus convicciones y sin temor alguno a llamar a cada cosa por su nombre.

Con él he compartido foros, entrevistas y conversaciones a fondo sobre asuntos educativos y sociales.

Este diálogo se realizó en una sala de aeropuerto —no podía ser de otra manera—. Y como siempre, su conversación resultó provocadora en muchos sentidos.

Andrés Oppenheimer deja claro su profundo conocimiento de la situación de distintos países y de la situación latinoamericana en el contexto mundial. Como siempre, desprende de su análisis propuestas muy francas y sin complacencias sobre las alternativas para superar los obstáculos que enfrentamos.

MIENTRAS LA EDUCACIÓN NO ESTÉ EN EL CENTRO DE LA AGENDA POLÍTICA MEXICANA, NO VA A PASAR ABSOLUTAMENTE NADA.

No digo que México tenga que olvidarse de su historia o dejar de discutir su historia o dejar de celebrar su historia para pensar en el futuro. Pero sí digo que han llevado la obsesión por la historia a niveles ridículos. Yo ejemplifico la obsesión mexicana y latinoamericana por el pasado con que cuando llego a Singapur, cambio unos dólares en el aeropuerto para tomar el taxi al hotel, miro lo que tienen los billetes en la parte de atrás y veo una imagen de una universidad con profesores, estudiantes y abajo una palabra: educación. Nosotros, en América Latina, en Estados Unidos, tenemos imágenes de nuestros próceres de la Independencia.

Sólo estamos mirando para atrás. Ellos están mirando para adelante.

Cuando esa mirada regresiva nos distrae de mirar para adelante y solucionar nuestros problemas de educación, de ciencia y tecnología, de innovación, entonces sí tenemos un grave problema.

La educación en México, como en el resto de América Latina, es una cuestión de vida o muerte. El año pasado, Corea del Sur, un país que hasta hace cuarenta años era mucho más pobre que México, patentó ocho mil ochocientas patentes en Estados Unidos, el mercado más grande del mundo.

Los asiáticos tienen algo que nosotros no tenemos: una cultura familiar de la educación. La familia coreana de clase media invierte treinta por ciento de sus ingresos en educación. Las familias chinas invierten todo su tiempo, todo su dinero en la educación de sus hijos. Si a eso le sumas que en Japón el año escolar tiene 243 días, en Corea tiene 216 y en México supuestamente tiene 200, pero hay estados como Michoacán o Oaxaca que con suerte tienen 160 días. Si vemos todo eso, pues no hay forma de que podamos siquiera alcanzarlos.

Hacen falta varias cosas. Primero, se debe empezar por ser humildes. En una entrevista a Bill Gates, le pregunté qué hace que algunos países progresen y reduzcan la pobreza mucho más rápido que otros y él me dice: la humildad.

Cuando fui a China, cuando fui a India, cuando fui a Singapur, yo esperaba que ellos me dieran la receta y me decían: "No, si nosotros estamos mal". Los chinos me decían: "en India lo están haciendo mucho mejor". En India me decían: "No, nosotros estamos mal; en Singapur la están haciendo mucho mejor".

Hay que empezar por reconocer la realidad y la realidad es que estamos mal. Necesitamos una dosis de paranoia constructiva.

Hay que empezar por reconocer que tenemos un problema, y a partir de eso aceptar que la solución no va a venir de los gobiernos por un motivo muy sencillo: los políticos piensan en plazos de tres o seis años. Piensan en plazos electorales y la inversión en calidad educativa es una inversión que rinde frutos en veinte años.

La única manera de que los gobiernos y los sindicatos "se pongan las pilas", es mediante la presión social. Y para ejercer presión social hace falta crear movimientos ciudadanos unificados, con metas muy concretas que presionen. De otra manera, no va a pasar nunca.

En México, cada quien tiene su fundación educativa que hace cosas muy loables, pero no tienen un programa común, no tienen un grupo de presión común. Entonces se pierden.

México es un país mucho más atado al pasado que Brasil. Pero Brasil mira mucho más para adelante que México, eso es un hecho. México en los últimos diez años ha sido desplazado de Latinoamérica por una política muy hábil de Brasil.

México tiene que o hablarle de "tú a tú" a Brasil y volver a insertarse en Latinoamérica, o volcarse íntegramente a Norteamérica, asumirse como tal. Pero si no hace una cosa ni la otra, se queda en la nada, que es donde está ahora.

Yo veo más una proyección individual de países latinoamericanos que una proyección conjunta. Por eso titulé un libro *Los estados desunidos de Latinoamérica*.

México está en un limbo diplomático. México no existe hoy en política exterior, no tienen una actitud protagónica; tienen una actitud pasiva. Quizá por estar consumidos en su conflicto interno con el narcotráfico.

La obsesión con el pasado distrae a México de tareas mucho más urgentes para construir el futuro apostándole a la educación, a la ciencia, a la tecnología de innovación. A mí me fascina la historia de México, mucho más rica quizá que la de cualquier otro país latinoamericano, pero se han pasado de la raya.

En la prueba PISA, México tiene sólo tres estudiantes de cada mil que sacan promedios altos, contra 182 de Corea del Sur. Esos deberían ser los grandes escándalos nacionales que tendrían que estar en las primeras planas.

Estamos en la era de la economía del conocimiento y yo siempre que hablo ante jóvenes mexicanos hago la misma demostración. Agarro una taza de café y les digo que de esta taza de café que se compra en una cafetería en Estados Unidos, el productor del café se queda con tres por ciento. Noventa y siete por ciento va al que hizo la ingeniería genética del café, el procesamiento, el *branding* y la mercadotecnia, todas esas cosas que tienen que ver con la economía del conocimiento.

Entonces, en qué país quieres vivir: ¿en el que gana tres por ciento de lo que paga el consumidor por ese producto o en el país que recibe noventa y siete por ciento? Si quieres estar en el país que recibe noventa y siete por ciento, tienes que educar a la gente creando ingenieros, creando técnicos, creando científicos.

Necesitamos menos historiadores y más ingenieros. Y en las universidades mexicanas hay más historiadores que estudiantes de ciencias de la computación.

JEFFREY DAVIDOW

Es posible que nadie haya podido interpretar mejor la complejidad, la cercanía y la dificultad de las relaciones entre México y Estados Unidos, que el embajador Jeffrey Davidow en su libro *El oso y el puercoespín*.

Nació en Boston, Massachusetts, el 26 de enero de 1944. Recibió el grado de bachiller en la Universidad de Massachusetts, una maestría por la Universidad de Minnesota e hizo estudios de posgrado en India.

Ingresó al servicio exterior de Estados Unidos en 1969, como oficial subalterno en la embajada estadounidense en Guatemala. En 1979, fue jefe de la oficina de enlace en la embajada de su país en Zimbawe, y en 1985 regresó a su país a buscar una beca en la Universidad de Harvard y también para tomar posesión como rector de la Oficina de Asuntos de África Meridional.

En 1991, el presidente Bill Clinton nombró a Davidow como embajador de Estados Unidos en Venezuela. En 1998, lo designó en el mismo puesto para México, que desempeñó hasta el mes de septiembre de 2002.

Cuando se retiró del servicio diplomático luego de 34 años de servicio, se convirtió en una de las tres personas que mantuvieron el rango de embajador de carrera.

Después de dejar su responsabilidad en México, regresó a Harvard como *visiting fellow* en la John F. Kennedy School of Go-

verment y en el Centro David Rockefeller para Estudios Latinoamericanos.

En 2003, asumió la presidencia del Instituto de las Américas,
una organización independiente de la Universidad de California,
en San Diego, para promover el desarrollo y la integración en los
pueblos de América.

En la actualidad, Jeffrey Davidow es asesor del presidente Ba-
rak Obama para asuntos de América Latina.

Es difícil imaginar que un hombre con la estatura de Jeffrey Davidow, pueda ser a la vez extraordinariamente sencillo y afable.

Es un "libro abierto", un conocedor como pocos de la relación
entre México y Estados Unidos de América. Es experto y protagonista de esta relación, una doble faceta que, probablemente, le
permite ser mucho más optimista respecto a lo que podemos construir conjuntamente.

México es parte de su vida y de sus reflexiones cotidianas.
Sin embargo, aplica su "ojo crítico" con igual rigor a Estados
Unidos. El encuentro para este libro tuvo lugar en su oficina del
Instituto de las Américas, en la Universidad de California, en
San Diego, donde nos planteó sus experiencias en la relación
de México hacia el norte, hacia la región latinoamericana, los
grandes retos de nuestra relación bilateral con Estados Unidos
y sus perspectivas.

HAY UN NIVEL DE COLABORACIÓN MÁS GRANDE QUE EL ANTERIOR, Y SI PODEMOS HACER ESTO EN CUANTO A UN TEMA, ¿POR QUÉ NO EN OTROS?

Hoy en día, hay un nivel de colaboración entre el gobierno de México y el gobierno de Estados Unidos que hubiera sido imposible hace cinco años. México se está portando menos como el puercoespín y Estados Unidos, ojalá, menos como oso. Si podemos colaborar tanto en el tema de la violencia y el narcotráfico, quizá hubiera otras cosas que pudiéramos hacer sin que México tenga que arriesgar su soberanía, su independencia, todas las cuestiones que preocupan tanto al pueblo mexicano. Y en realidad ni siquiera al pueblo, sino a los políticos que utilizan los temas.

Uno de esos temas es la energía. En el mundo de hoy solamente hay tres lugares con petróleo en grandes cantidades todavía no explotado: el Golfo de México, el litoral del Brasil y el litoral de África.

Hay que hacer algo ante al grave problema que México está enfrentando, en que va a perder su posición como un gran exportador de petróleo y aún peor, en que va a perder su capacidad de utilizar el petróleo para manejar el presupuesto del país.

Hay otras cosas que debemos hacer en la cultura, o el comercio. Quizás es momento para que México diga: sí pude entrar como socio, como igual.

Lo que más me impresiona de México es el poder de la historia, o la capacidad que los políticos demuestran para utilizar la historia. Hoy México no tiene la autoconfianza necesaria para entrar en relaciones con Estados Unidos.

Hoy en día, setenta años después de Lázaro Cárdenas, la gente está hablando de él como si siguiera aquí, en el mismo cuarto. Hay una falta de capacidad para reconocer que el mundo ha cambiado.

Están muy atrapados en los candados. Pero lo interesante es que cuando un político dice: "Ya basta", hay grandes posibilidades.

Un ejemplo es lo que el presidente Calderón hizo con Luz y Fuerza después de que por diez, veinte, cincuenta años, todo mundo había dicho "no". Todos los países del mundo sufren de este problema: los políticos no quieren enfrentar las nuevas realidades porque temen que otros políticos van a utilizar esos temas como herramientas de "castigo". Pero si el líder dice: "Vamos a hacerlo; yo voy a hacerlo y necesito la ayuda de mi partido, necesitamos un consenso", podría conseguir ese respaldo. Pero hay que tomar el riesgo.

México es un país extraordinariamente exitoso en el siglo XX. Cuando uno compara los tres países que tuvieron grandes revoluciones a principios del siglo pasado, Rusia, China y México, ve que Rusia y China pasaron casi un siglo sufriendo sus revoluciones. México pasó por un periodo de guerra civil en la década de 1920, pero hasta la década de 1990, hubo una estabilidad increíble en México.

Creo que había un deseo de mantener el consenso en todo y manejar todo por consenso, sin tomar muchos riesgos, y creo que a veces hay que tomarlos. A veces es importante tomar un riesgo y la respuesta del pueblo no resulta tan airada como se puede suponer.

En Estados Unidos hay varias cosas que tenemos que hacer y que también implican la toma de riesgos. Está la situación migratoria, por supuesto, y también tenemos que reconocer que mucha de la cuestión de la violencia es producto de la situación en Estados Unidos y de nuestras propias leyes.

En Estados Unidos, necesitamos un liderazgo que esté dispuesto a reconocer la realidad de la migración mexicana, que es una migración estrictamente laboral. Tenemos que reconocer, al mismo tiempo, que tenemos una responsabilidad en cuanto a la violencia en México y sobre las armas que llegan allá. Nuestros líderes tienen que ser mucho más fuertes al respecto.

El presidente Obama entiende que el hecho de que en Estados Unidos se puedan comprar esas armas es una vergüenza, pero él tiene que tomar el riesgo de decir: "Sí, vamos a cambiar eso". Y no quiere hacerlo porque sabe que hay muchos congresistas demócratas que podrían perder sus escaños. Pero hay que tomar el riesgo y hacer lo necesario.

No estamos dispuestos a reconocer las nuevas realidades. Es mucho más fácil vivir en el pasado.

Hay más colaboración hoy en día aquí que en el pasado. El caso de la operación Casablanca* fue algo interesante, porque la historia fue que el gobierno de Estados Unidos quería montar una investigación en México con las autoridades mexicanas, pero las autoridades mexicanas de entonces no querían hacerlo. Y los funcionarios de Estados Unidos dejaron de informar sobre qué pensaban hacer.

Creo que si nosotros hubiéramos ido al gobierno de México dos días antes para decir: "Tenemos el proyecto de detener a cincuenta personas y vamos a decir que hicimos todo con la colaboración interna del gobierno de México", en aquel momento el gobierno de México hubiera dicho: "Mala idea, pero qué bien que estamos comunicándonos". Pero en aquel tiempo —estoy hablando de 1995—, había una falta de confianza total entre los dos gobiernos. Creo que hoy en día no hay esa falta de confianza.

Yo tuve un problema constante. Estaba bajo una presión de las agencias tipo FBI, DEA, que en aquel momento no tenían "ni jota" de confianza, especialmente la DEA. Entonces mi problema fue encontrar el balance entre la posición fuerte con el gobierno de México, hablándole sobre la necesidad de hacer más en cuanto

---

* La operación Casablanca tuvo lugar en 1996, cuando agentes de diversas agencias policiacas de Estados Unidos llevaron a cabo actividades en México para poner al descubierto una red de lavado de dinero proveniente de los cárteles de las drogas, en los bancos mexicanos.

al narcotráfico y, al mismo tiempo, sin poder avalar la posición de la DEA, que decía que México no estaba haciendo lo suficiente. Cada año tuvimos que pasar por ese proceso, esa tontería, de la certificación.

Y eso sí fue un problema grave. Una vez estaba dando un discurso en la ciudad de México y hablé sin suficiente cuidado, porque cuando un norteamericano habla a un grupo de mexicanos, siempre viene la misma pregunta: "¿Cómo es que ustedes siempre hablan de los cárteles aquí en México y no hablan de los grandes cárteles en Estados Unidos?" La verdad es que la distribución la controlan los mexicanos y yo entendía y explicaba que los mexicanos no quieren aceptar eso, porque no pueden aceptar que los mexicanos mandan en Estados Unidos.

Lo que estaba intentando explicar era que, en el mundo moderno, es mucho más fácil manejar un crimen organizado desde el exterior de un país, porque al interior su éxito depende de la capacidad de la policía. Por ejemplo, mucho del crimen organizado en Francia está manejado desde Argelia y Marruecos. En Alemania, desde Rusia, porque pueden hacer sus cosas sin mucho riesgo. Y yo también dije en esa misma conferencia que por muchos años el crimen organizado en Estados Unidos fue manejado desde Sicilia, y que México se estaba convirtiendo en la nueva Sicilia.

El gobierno reaccionó de una manera muy fuerte y la Secretaría de Relaciones Exteriores anunció que iba a llamar, reclamar y declararme persona *non grata*, mientras que desde Washington yo estaba recibiendo felicitaciones. Creo que la relación ha mejorado mucho.

Lo que necesitamos hoy es más control en las fronteras en cuanto a las armas.

Lo que no sería posible es controlar la venta, pero tenemos en toda frontera un número mínimo de agentes trabajando en eso. En los últimos diez años, hemos aumentado el número de agentes de la Border Patrol aquí en la frontera, digamos de dos mil quinientos a diez mil agentes —no son números exactos. Pero en comparación, los investigadores a cargo del Buró de Alcohol, Tabaco, Armas y Explosivos deben haber pasado de veinte a cuarenta en toda la frontera.

Es probable que no haya posibilidad en este momento de una nueva ley para la venta de armas, pero ¿por qué no dedicamos mucho más gente a la tarea de prohibir la exportación? Es ilegal. No necesitamos una nueva ley. Es ilegal exportar armas de Estados Unidos a México o a cualquier otro país.

También creo que hay posibilidad de cambios en las leyes migratorias de Estados Unidos. No creo, y no he creído eso ya por diez años, en la posibilidad de un cambio total. Ha habido una confusión que francamente ha elevado los intereses de los mexicanos, los políticos, y todos los que hablamos del tema. Por ejemplo, cuando Fox y Bush hablaron de un acuerdo migratorio, ¿qué tipo de acuerdo?

Creo que el gobierno de Estados Unidos podría hacer mucho más. Hay elementos de la situación migratoria que podríamos cambiar sin graves problemas. Podríamos encontrar una manera de manejar toda la cuestión de los trabajadores temporales en la agricultura.

Hay, por ejemplo, un millón de mexicanos que ya han recibido la noticia de que van a recibir su *Green Card**, pero solamente podemos dar cien mil tarjetas al año. ¿Van a pasar otros diez años mientras todos están viviendo aquí como ilegales? ¿Por qué no cambiamos? Éstas son personas que van a recibir su *Green Card*. ¿Por qué tienen que esperar diez años más, mientras llega el otro millón?

Ha habido cambios muy importantes en los patrones de migración aquí en Estados Unidos. La mayoría de los mexicanos que vienen acá llegan a tres estados: Illinois, Texas y California. Pero en los últimos años también han ido a lugares que no solían tener muchos migrantes en el pasado. Estados Unidos es todavía un país más o menos abierto y en lugares como las grandes ciudades, Nueva York, Chicago, Los Ángeles, no hay tanto disentimiento, saben convivir. Pero con la llegada de los mexicanos a Georgia, Carolina del Norte, todos en los últimos diez años, hay otras posi-

---

* La Tarjeta de Residencia Permanente en Estados Unidos es conocida popularmente como *Green Card* (porque es de color verde) Es el documento de identidad para residentes permanentes en Estados Unidos que no poseen la nacionalidad estadounidense, pero que sí faculta para residir y trabajar.

ciones, porque éstos son los lugares francamente más "toscos" de Estados Unidos.

En Estados Unidos hemos pasado por periodos de racismo, de regionalismo, de sentimiento antiinmigrante. Hay factores en el Partido Demócrata, especialmente respecto de la posición de los sindicatos, que se traducen en posiciones más antimexicanas.

Creo que una de las tragedias de los últimos quince años ha sido que, después del Tratado de Libre Comercio, no seguimos con el mismo vigor. Más bien nos echamos a descansar. Creo que hay muchos elementos de los acuerdos que ni siquiera hemos empezado a aplicar.

Por ejemplo, en el tratado había elementos sobre el intercambio de profesionales entre México y Estados Unidos, para que un médico mexicano pudiera ejercer su profesión en Estados Unidos. Eso no ha sucedido. ¿Por qué? Porque la Asociación de Médicos de Estados Unidos no quiere permitirlo, e igual en México. Hay muchas otras cosas en el comercio, en la cultura, que no hemos atendido desde el tratado y que pudiéramos haber revisado si hubiéramos sostenido nuestro esfuerzo durante esos quince años. Me gustaría tener un grupo de jóvenes expertos para leer de nuevo el acuerdo y ver lo que podríamos hacer y todavía no hemos hecho.

Yo soy muy optimista y aun así creo que, en los próximos dos años o más, no vamos a ver un repunte muy importante en el empleo. Eso es un problema. Obama y su gente esperaban que, a estas alturas, tendríamos una tasa de desempleo de 8.7 por ciento, pero estamos más o menos en 9.7 por ciento, y en California la tasa se eleva hasta cerca de quince por ciento. Vamos a seguir viviendo una crisis económica en este país donde diez por ciento de su gente sufre porque no tiene trabajo y veinte por ciento sufre porque diez por ciento de sus clientes no están comprando.

Respecto a América Latina, la realidad es un poquito triste para México. A los brasileños les encanta hablar de México como un país de América del Norte, no como un país de América Latina. Los intelectuales de Brasil niegan que exista una América Latina: hay América del Norte, Centroamérica y América del Sur. Y América del Sur es Brasil y sus pequeños vecinos.

México no va a formar parte de América Latina, no va a formar parte de Sudamérica. Su futuro económico está en Estados Unidos, en Canadá y en sus contactos con otros países.

Creo que México y Estados Unidos hemos hecho un trabajo horrible al no entender lo que está sucediendo en América Latina y el no enfocarnos más en Centroamérica.

Guatemala es un país casi ingobernable. Creo que lo que pasó en Chiapas fue solamente otro capítulo en las guerras de Centroamérica. Creo que la inestabilidad de Centroamérica es algo que debe preocupar mucho a México y, por supuesto, a Estados Unidos. Pero no hay mucha gente en México hablando de eso, no veo a México como un gran actor en Sudamérica, es la verdad.

México debe pensar en serio en tomar posiciones más fuertes a favor del mantenimiento internacional de la paz, pues es uno de los pocos países de importancia en el mundo que no participa en la cuestión. Mientras tanto, Brasil, Perú, Ecuador, Argentina y Uruguay son líderes en esto del mantenimiento de la paz. Hay gente en el mundo que no toma a México en serio si no va a participar, y Brasil toma su lugar.

Yo creo que el futuro de México, en cuanto a su economía, está en el futuro de América del Norte, Canadá, Estados Unidos y quizá Centroamérica también, hasta Panamá.

Francamente no estoy tan seguro que habría tanta integración con Sudamérica, porque creo que hay un equilibrio bastante fuerte entre Brasil y los otros países.

El verdadero paso a dar consiste en ser miembro de América del Norte en veinte años, aún con más integración. "El lápiz de Dios no tiene borrador". Estoy seguro de que si México pudiera tener a Suecia como vecino en vez de Estados Unidos, quizá sería mejor. Pero eso no va a suceder. La geopolítica es bastante poderosa.

Hay un problema en la capacidad de Estados Unidos para lograr una visión amplia que reconozca muchos aspectos a la vez. Es algo difícil. Cuando pensaron en México, solamente estaban pensando en la cuestión del narcotráfico. Luego pasó a la migración. Y ya ha regresado a la cuestión del narcotráfico otra vez.

Éste es el gran reto para México y para los amigos de México en Estados Unidos: trabajar para que la gente de ambos países también entienda que hay muchos aspectos, que las relaciones son muy multifacéticas y no podemos permitir que nuestro enfoque se limite a un tema.

Le digo a los jóvenes que hay que prepararse. La educación es la clave. Tienen que prepararse para el mundo que será muy distinto dentro de veinte años.

Y francamente yo creo que el gobierno de México, con todo respeto, no está haciendo lo que debiera de hacer por sus jóvenes. Aquí en Estados Unidos y allá en México, necesitamos más enfoque en la cuestión de educación, de educación primaria y secundaria, y también en la educación universitaria. Ésta es la respuesta.

Acabo de regresar de China hace diez días y hay millones y millones de jóvenes estudiando allá. Están construyendo universidades. Entienden que deben formar a sus jóvenes y que si no lo hacen, en diez años no van a tener la anhelada tasa de crecimiento de diez u once por ciento.

Y los jóvenes deben participar. Esto es un poco difícil, porque la gente en México no confía en los políticos, y con razón, porque la mayoría de los políticos no dicen la verdad, dicen lo que ellos piensan, lo que creen que la gente quiere escuchar. Pienso que si hubiera más honestidad de parte de los políticos, habría más confianza en ellos. Pero México es un país con grandes niveles de desconfianza.

RICARDO LAGOS

Este abogado, economista, académico, investigador y político chileno fue una de las figuras de oposición al régimen de Augusto Pinochet, lo que lo llevó a ocupar la presidencia de su país en el periodo 2000-2006.

Lagos se destacó como uno de los políticos que impulsaron en Chile la Concertación de Partidos por la Democracia. Fue fundador del Partido por la Democracia y miembro del Partido Socialista de Chile.

Nacido en Santiago de Chile el 2 de marzo de 1938, cursó los estudios básicos en el Liceo Manual Salas y los secundarios en el Instituto Nacional. Se recibió como abogado por la Universidad de Chile y se doctoró en la Universidad de Duke.

Tuvo una intensa actividad docente, ya que fue profesor de ciencias políticas en la Universidad de Carolina del Norte, en Chapel Hill.

De vuelta en su país entra al Instituto de Economía de la Universidad de Chile y más tarde es nombrado director de la Escuela de Ciencias Políticas y Administrativas (hoy Escuela de Gobierno y Gestión Pública), cargo que ejerce hasta que, en 1969, es nombrado secretario general de la Universidad de Chile.

Debido al golpe de Estado de 1973, se exilia en Buenos Aires, donde es secretario general de la Facultad Latinoamericana de Ciencia Sociales. Durante un año vive en Estados Unidos como profesor visitante de la cátedra William R. Kenan de Estudios Latinoamericanos, en la Universidad de Carolina del Sur.

Regresa a Chile en 1978, aún bajo el gobierno de Augusto Pinochet, y empieza a asumir un papel fundamental en la lucha por la recuperación de la democracia.

En 1983, abandona su cargo de funcionario internacional en Naciones Unidas y se convierte en presidente de Alianza Democrática.

Con el regreso de la democracia a Chile, Lagos es nombrado ministro de Educación por el presidente Patricio Aylwin y luego, ministro de Obras Públicas por el presidente Eduardo Frei.

En 1998, inicia su campaña presidencial y en las elecciones supera al candidato de la Unión Democrática Independiente por 30 000 votos, pero sin lograr la mayoría absoluta.

En enero de 2000, se realiza por primera vez en Chile la segunda vuelta electoral, en la que Ricardo Lagos resultó triunfador.

Es presidente de Chile el 11 de marzo de 2000. Al dejar el poder, en 2006, lanza su fundación Democracia y Desarrollo y el 1 de julio de 2007 asume, por un periodo de cinco años, un cargo docente en el Instituto Watson para Estudios Internacionales.

Tuve la oportunidad de encontrarme con el presidente Lagos una vez en Chile y otra más en Sudáfrica. En Chile, fue por una convocatoria a ministros de desarrollo social de América Latina. En Sudáfrica, en la toma de protesta del presidente Mbeki (por cierto, ahí tuve el privilegio de conocer a Nelson Mandela y de escuchar un millón de voces que lo recibían cantando).

En ese primer encuentro, nos invitó a los del seminario a visitar con él una de las comunidades más pobres de Chile, justo en esos momentos se discutía en el congreso una propuesta para aumentar un impuesto cuya recaudación se destinaría a la política social. Ahí conocí a un presidente muy cercano a la gente y con una comunicación muy clara, casi pedagógica. Explicaba a un grupo amplio de mujeres el porqué y para qué de esa carga fiscal.

No es fácil encontrarse con un presidente que es aplaudido fuertemente al terminar de hablar para proponer un aumento de impuestos, y esto en una comunidad con fuertes demandas y peticiones. Pero eso fue justo lo que sucedió.

Durante nuestra conversación en la ciudad de México, Ricardo Lagos habló con contundencia, también con la sencillez y cercanía que sólo es propia de los líderes, de los líderes "de a de veras".

Un gobernante desempeña muchos roles, pero el más importante es el de comunicador, el del informador que explica.

Chile es un país pequeño que se quiere abrir al mundo. Está claro que para abrirse al mundo y competir se requiere de cohesión social y un alto grado de inclusión, de mayor equidad. Cuando usted está bajo la línea de la pobreza, es su problema comer todos los días y no llegar a la noche con hambre. Cuando eso ya quedó atrás usted empieza a mirar adelante y su mayor demanda es el tipo de educación que van a tener sus hijos.

El mayor motivo de orgullo cuando dejé la presidencia era una sola cifra: de diez jóvenes que estaban en la universidad, siete eran primera generación de su familia. Es un cambio sideral.

Lo segundo que me parece muy importante es cómo usted explica y se alegra cuando las cosas van bien, y cómo se explica cuando las cosas van mal.

Siempre dije en la campaña que debíamos evitar las promesas que incluían números, pero yo hice un número porque estábamos a finales de los años noventa. La crisis asiática golpeó muy fuerte a Chile. Se disparó el desempleo. Fue el único año en que tuvimos crecimiento negativo. Entonces yo dije: voy el primer año a aumentar en 200 mil los empleos en Chile y después en cien mil cada año. En total, seis años con 700 mil empleos nuevos. Era una cifra muy significativa para el tamaño de la economía chilena.

En septiembre del primer año, calculé que no llegaban a los 200 mil empleos, que con suerte alcanzábamos los 100 mil, y fui a la televisión y dije: "Vengo a explicar por qué fracasé", y lo dije tal cual y tomé el pizarrón y con tiza empecé a explicar. El último año logré crear 200 mil empleos, o sea, la promesa de 700 la cumplí. Pero era muy distinto tener los 200 mil empleos el primer año que tenerlos al último año. Había aprendido que es mejor anticiparse a ello.

También afirmé que iba a arreglar en noventa días las filas para conseguir números de ingreso a los hospitales. Como a los ochenta días, la ministra de Salud me dijo que no iba a estar el cien por ciento. Le dije: "Vamos a darle cuentas al país antes de los noventa días". La ministra se llamaba Michelle Bachelet. Y me acuerdo que en el día ochenta y cinco, o algo así, le dije que prácticamente estaba muy cerca de eso y que siguiera trabajando.

Son casos en donde uno tiene que salir adelante y explicar. A ratos uno pretendería ocultar esas noticias. Pero gobernar es gobernar con buenas y malas nuevas. Lo que usted debe tener es credibilidad y a ratos también debe enojarse.

Me explico: estaba anunciando dentro de Santiago que se iba a extender la línea del Metro. Hubo un diputado opositor que aplaudía mucho este anuncio mío. Entonces me permití decir: "Me alegro tanto de que el diputado tal esté aplaudiendo ahora. Me gustaría también que con la misma fuerza aplaudiera los proyectos que envío al congreso, porque me los ha votado todos en contra. La próxima vez, a cambio de sus aplausos, le voy a pedir que me vote a favor cuando pida nuevos recursos".

Lo importante en un liderazgo es atender cuándo usted habla como Jefe de Gobierno y cuándo habla como Jefe de Estado. Porque como Jefe de Estado usted es presidente, gobierna pensando en todos los chilenos. No en quienes votaron, sino en todos y eso a veces se olvida también.

Yo creo que a veces no tenemos suficiente confianza en que la gente va a atender nuestras propuestas. Pero la gente sabe más que uno. Era ministro de Obras Públicas; vinieron los momentos del deslizamiento de tierras que se llevaron tres o cuatro puentes. Fui entonces a ver dónde había que reponer los puentes.

Del otro lado estaban unas cuatrocientas personas y entonces les dije: "Miren, en dos meses van a tener el puente". En el mes de enero, sin embargo, cuando comenzaba el presupuesto, hubo un terremoto en el norte. Tenía que hacer frente al terremoto y recorté gastos para resolver lo del terremoto, recursos que eran para el puente. Entonces le dije a mis colegas en el ministerio: "Acuérdenme que tengo que ir a explicar lo del puente". Fui allá y les expliqué que había que ser solidarios con las víctimas del terremoto y lo entendieron perfectamente.

Ellos tuvieron que posponer su demanda por seis o diez meses, pero al final se hizo. Lo importante era esa gente. Si no iba yo a explicarlo y les mandaba una carta, me iban a decir: "Este tío si se olvido de nosotros y nos manda la excusa del terremoto".

Pero regresemos al día de hoy, al siglo XXI, que es el siglo de la gran globalización del planeta, nos guste o no nos guste.

Como decía muy bien Mandela, la globalización es como el invierno, sabemos que va a llegar el invierno y para el invierno hay que prepararse, ¿verdad?

O se almacena leña para la chimenea o ¿con qué se va a calentar la cosa? Debe tener ropa más gruesa y un abrigo para cubrirse, además de unas botas para cuando esté lloviendo. En el concierto mundial de hoy, se encuentran grandes regiones y el mundo espera que América Latina también sea una gran región; es lo que espera de nosotros.

Doscientos años atrás, cuando nos independizamos, entendíamos que éramos todos los de las antiguas colonias que queríamos la independencia y no nos importaba mucho si un general cruzaba de aquí para allá, porque se trataba de apoyarnos entre todos. Y ahora, para enfrentar un mundo que cambia tanto, tenemos que ser capaces de ponernos de acuerdo sobre qué hacer en relación con los temas básicos, en qué dirección queremos ir. Tiene que haber un entendimiento político, pero que también respete las peculiaridades de cada país.

En México, el principal eje de interacción es con Estados Unidos no porque a usted no le guste estar en América Latina, sino porque tiene una realidad geográfica. Se hace política exterior desde el "barrio" donde vives y más vale que le guste el "barrio", porque los países no se cambian de "barrio" y a ratos eso se nos olvida.

México tiene una posición de muchos liderazgos, por su historia, por su gente, por la fuerza de su raíz vernácula, por el orgullo que sienten de su pasado.

Hay un segundo punto que poca gente dice y es que, gracias a la relación con el vecino del norte, México tiene hoy, en general, una balanza comercial favorable.

En más de una ocasión en estas cumbres presidenciales, dije que esa vinculación de México con Estados Unidos tenemos que agradecerla todos. Porque eso es lo que le permite a México, en la relación con los otros, tener el excedente que obtiene en su comercio con Estados Unidos. Este excedente termina muchas veces en los países latinoamericanos.

México, en nuestras relaciones con Estados Unidos, tiene que ser parte de América Latina.

Dicho esto, en la institucionalidad actual del México de hoy, uno mira con inquietud un sistema institucional complejo. En las dos elecciones presidenciales del partido que tiene un tercio mayor, en este caso el PAN, le ha sido complejo el actuar gobernativo.

Ahí hay un tema que no es de fácil solución. En el largo plazo, hay que buscar un sistema institucional en donde el que gana tenga la mayoría en el congreso, quizás porque se introduce la segunda vuelta en la elección presidencial. Es muy complejo que usted elija un presidente y no le dé las herramientas, las mayorías necesarias para poder llevar a cabo su programa.

Usted será el presidente de la República, el jefe de Estado, pero también es jefe de Gobierno, tiene que remangarse e ir a recorrer el país diciendo: "Quiero el apoyo en las próximas elecciones municipales o en las próximas elecciones legislativas", porque en definitiva ahí está la base de lo que usted puede llevar a cabo en su programa.

Hay tareas que requieren, a lo mejor, un quórum superior, porque son temas suficientemente complejos que necesitan un respaldo mayor.

El presidente Felipe Calderón mencionaba el ejemplo de Petrobras y lo que ocurre con una empresa en donde el Estado sigue teniendo una tremenda importancia, porque ha sido capaz de abrirse, lo cual no ha significado que Petrobras disminuya, por el contrario, ha aumentado en importancia.

Esos setenta mil millones que colocó Petrobras en bono soberano, es el bono soberano más grande en la historia del sistema financiero mundial. Pero además, es un banco chino el que está intentando la colocación de un sistema de bonos. ¿Usted se da cuenta de qué implica y lo que gana ese banco chino?

Estamos en presencia de nuevos actores y nuevas reglas del juego. En mi gobierno, yo expresé que viene la hora de la Cuenca del Pacífico.

Por primera vez Chile está en la primera fila de la historia. ¿Cómo hacemos entonces de Chile el país puente entre el Asia que se desarrolla y los países de América del Sur? ¿Cómo hacemos entonces los puertos con la profundidad para los barcos y los grandes contenedores? Mi obligación como presidente era tener un puerto con un calado más profundo para poder jugar ese rol. Y tener un sistema de banda ancha y tener un sistema de Internet. Tener un sistema de profesionales, porque así es como el país se posiciona. Siempre me he preguntado quién cargará más plata, los agricultores que exportan fruta a Europa o los amigos del puerto de Ámsterdam, que es por donde entra la fruta a Europa y la distribuyen. Y no tengo duda de que en Ámsterdam se gana más dinero.

México va a ser uno de los cinco grandes países emergentes de aquí a 2030 o 2050, una de esas cinco grandes economías, si hacemos las cosas bien.

Eso implica diseñar una política demográfica. Empecemos a ver entonces el famoso "bono demográfico" del cual todo el mundo habla. Pero no lo veamos como una maldición, sino como una posibilidad. Es distinto un país de ciento cincuenta que un país con doscientos millones, y esa apuesta usted la puede hacer desde ahora para los próximos treinta años.

Ahí hay un tema no menor. Se requiere esa convocatoria a grandes políticas que trasciendan al gobierno. Se ha de hacer un llamado, una convocatoria, a lo mejor con motivo de la próxima elección presidencial, una vez que usted tiene los candidatos en la lista. Es difícil hacer estos llamados por la prensa, porque nadie quiere ser llamado por otro. Lo mejor es hacer un trabajo más de buscar contactos, tejer, trabajar en esta dirección.

¿Qué pasaría en México si en un momento dado, seis meses antes de producir "los destapes", hubiera un gran consenso, independiente del "destape"?

Ha sido una decisión de mucho coraje la que tomó el presidente Calderón de enfrentar al crimen organizado. La respuesta ha sido muy fuerte y violenta por parte de los narcotraficantes, que han demostrado un gran poder de fuego.

Creo que el esfuerzo que hace México hoy en día ante el crimen organizado, merecería mayor apoyo del resto de los países de América Latina y una participación mucho más activa de la que existe hoy en día por parte de Estados Unidos.

Estados Unidos es el principal consumidor, más que Europa y uno lo que ve públicamente en Estados Unidos es que capturan a éste, a aquél, pero el capturado normalmente es el último eslabón en la cadena de distribución. Y los otros aparecen. Mientras, vienen los capos a México y los recursos se los devuelven los narcos a Estados Unidos cuando van a comprar las armas en los miles de puntos de venta a lo largo de la frontera. Se trata de un armamento sofisticado, cuya venta normalmente está prohibida. Y eso ocurre en el lado norteamericano.

Mayor razón para entender que se requiere una respuesta colectiva. Los países latinoamericanos debiéramos aparecer apoyando más los esfuerzos que hace México. Y creo también que los países latinoamericanos debiéramos expresar colectivamente a Estados Unidos el rol que juega en todo esto.

Estados Unidos tiene que jugar un rol infinitamente más activo del que está jugando. Debe entender que las medidas para enfrentar el problema son medidas complejas. Hay que tener grupos muy entrenados, más que un número grande de gente, tener personal muy entrenado, sistemas de inteligencia que funcionen y que no sean infiltrados y esto requiere mucha decisión. Es un tema internacional. La gente sale con mucha facilidad de las cárceles de muchos países centroamericanos. Habrá que tener cárceles de alta seguridad.

Finalmente, quiero decir a los jóvenes mexicanos que de ellos depende el futuro. Porque ellos no son futuro, ellos son presente y el presente es hoy y ahora.

La POLÍTICA, con mayúsculas, consiste en escuchar la voz de los ciudadanos y su demanda para convertirla en un programa realizable, factible y sobre el cual usted deba rendir cuentas.

En el mundo de hoy están aquellos que creen que basta sólo con que el mercado haga las demandas de la sociedad. Pero el mercado es un poquito injusto.

La política consiste, en democracia, en escuchar al ciudadano. El ciudadano somos todos, igual que los consumidores. Como ciudadanos valemos todos lo mismo, un voto, y por lo tanto hay ciertos bienes y servicios que llevan a que los ciudadanos digan: "Este país ha progresado mucho; queremos que esté en condiciones de poder garantizar educación para todos o un sistema de salud para todos".

Los jóvenes son los que en la actividad pública van a definir qué tipo de sociedad tenemos: una sociedad hecha por los ciudadanos a través del voto, o una sociedad hecha por los consumidores a través del bolsillo.

Si quieres lo primero, ciudadanos a través del voto, ésa es la POLÍTICA con mayúsculas, la que vale la pena revisar. Seguro que esos jóvenes van a querer una sociedad donde todos por lo menos seamos iguales en algo, y ese mínimo es un mínimo civilizatorio. Y ese mínimo civilizatorio va cambiando a medida que el país va creciendo.

Confío en las políticas públicas implementadas por buenos profesionales que interpretan y escuchan lo que dice el ciudadano.

ROSARIO MARÍN

"Es mi inspiración", suelen decir muchos hombres y mujeres cuando han leído el libro de Rosario Marín o asistido a una de sus conferencias.

Nacida en México, el 3 de agosto de 1958, Rosario Marín dejó su país natal a los 14 años para ir a Estados Unidos con sus padres en busca de oportunidades.

A los 41 años fue nombrada como la cuadragésima primera tesorera de Estados Unidos y se convirtió así en la única mujer nacida fuera de Estados Unidos en ocupar ese cargo.

En su exitoso libro, *Una líder entre dos mundos*, Marín narra una historia de dificultades, esfuerzo y superación. "Fui víctima de abuso sexual cuando era niña, viajé a Estados Unidos sin dominar el idioma, tuve que trabajar y estudiar al mismo tiempo."

En Estados Unidos estudió en el East Los Angeles College y luego en la Universidad Estatal de California, de donde se graduó en administración de empresas.

Aún estudiando, obtuvo trabajo en el City National Bank de Beverly Hills, como asistente de recepcionista. Cuando estaba a punto de ser nombrada vicepresidente adjunta del banco, nació su hijo Eric con síndrome de Down. Renunció a su trabajo y se convirtió en una defensora de las personas con alguna discapacidad. Fundó el primer grupo de apoyo para los padres latinos con hijos Down. Sus esfuerzos en favor de la comunidad llamaron la atención de los funcionarios estatales de California y, en 1992,

Rosario Marín fue nombrada jefe de Asuntos Legislativos del departamento de Servicios de Desarrollo; dos años más tarde, fue designada como presidenta del Consejo de Discapacidades.

Por su trabajo con las personas con alguna discapacidad, recibió en 1995 el premio Rose Fitzgerald Kennedy, otorgado por las Naciones Unidas.

En el Partido Republicano (al que se había afiliado cuando trabajaba en el City National Bank), Rosario Marín llegó a ser delegada del partido en la Convención Nacional Republicana de 1996. También fue vicepresidenta de la Asamblea Nacional Hispana del mismo partido, en California.

Rosario Marín se convirtió en partidaria de George W. Bush en la campaña presidencial de 2000, y poco después de la elección, George W. Bush la nombró Tesorera de Estados Unidos, cargo que ocupó de 2001 a 2004.

Rosario Marín ofrece siempre una espléndida oportunidad para recuperar el buen ánimo, para crear esperanza y para no dejarse vencer frente a la adversidad.

La conocí siendo ella Tesorera de los Estados Unidos de América, en una de sus visitas a México. Siendo la primera mujer en firmar los dólares del país más poderoso del mundo, su visita constituyó una suceso. De pie, aguardé su llegada a la Secretaría de Desarrollo Social, y al bajar de un elegante y sobrio auto negro, lo primero que me dijo fue: "Hola manita. ¿Cómo estás?"

A partir de ese momento, he tenido el privilegio de ser su amiga cercana, lo cual me enorgullece, pues es una de las mujeres más asombrosas, por su capacidad de entrega y trabajo en favor de los demás.

En este diálogo, expresó su gran voluntad por salir adelante ante los obstáculos en diferentes esferas de la vida, por asumir siempre un principio de responsabilidad con uno mismo y por actuar en cada actividad, en especial en el servicio público, con un alto sentido del deber.

ApRENDÍ QUE MI MUNDO ES VISTO A TRAVÉS DE MIS PROPIOS OJOS.

Yo veo a México con grandes sueños que son realizables. Lo mejor que tiene México es su gente. Hay mucha gente que tiene deseos de avanzar, que busca salir adelante, "le busca", le encuentra la forma.

En California tenemos un desempleo enorme, el peor del país. Aquí en México es posible que tengan un desempleo, pero han generado un muy buen número de empleos. O sea, México estaba en la crisis y ya está saliendo de ella. Estados Unidos todavía está estancado y unas áreas, por ejemplo California, están todavía estancadas.

La ética de trabajo del mexicano es muy grande e importante. La fe que tenemos también lo es, así como el valor a la familia, el respeto al matrimonio. Yo creo que tenemos que regresar a los valores.

Antes México vendía drogas. Desafortunadamente, ahora las consume. Eso afecta muchísimo a las familias. Son problemas sociales que impiden un avance. Esto los va a degradar como sociedad. Afectará la unidad familiar.

Yo trato de ver lo que sí tenemos. México tiene un atractivo que, desafortunadamente, no se ha explotado a últimas fechas: me refiero al turismo. Es un área que tenemos que reforzar.

Las imágenes que se transmiten por todo el mundo, proyectan un ambiente de inseguridad, cuando en realidad yo he viajado por muchos estados en México y estoy segura y no traigo escoltas ni nada de eso. Soy una persona común y corriente. He ido a todos esos diferentes estados, y no me siento para nada insegura. Sin embargo, existe una percepción a nivel mundial, concretamente en Estados Unidos, de que México es inseguro. Tenemos que trabajar en eso.

La gente se va hoy en día a Estados Unidos por las mismas razones por las que mis padres se fueron hace treinta y tantos años. De alguna forma, no percibían que iba a existir una oportunidad aquí para un mejoramiento personal o de la familia. Por eso se fueron.

¿Cómo generar esos empleos? La educación viene a ser la base para poder tener un empleo que te dé suficiente remuneración. El problema que tenemos también en Estados Unidos es que no tenemos gente preparada para realizar esos empleos.

Somos testigos de una revolución tecnológica grandísima que va a requerir de ingenieros. Si no se está capacitado para desempeñar el trabajo que se requiere, no puedes, por más que te traten de enseñar en el trabajo. California misma no está generando el número de ingenieros que necesita. Los tenemos que importar de China e India, principalmente. Ésta es un área de oportunidad que, pienso, México debe aprovechar.

Será porque quiero mucho a México, pero yo siempre le he augurado un futuro brillante, lo veo, lo palpo, siento a su gente con un gran deseo de superarse.

Cuando ves al país más poderoso del mundo con un decrecimiento económico mientras ustedes crecen, hay que decirlo. Cuando ves que en California tenemos desempleo y ustedes no, es de admirarse. Lo que pasa es que muchas veces nos enfocamos en lo negativo.

A veces me duele escuchar cómo algunos mexicanos denostan a México. Yo aprendí por mi hijo, que tiene síndrome de Down, que la gente ve a mi hijo a través de mis propios ojos.

Aprendí que, cuando veo a mi familia, a mi estado, a mi país, con ojos de pesimismo, todo mundo lo ubica en esa posición.

Es fundamental entender que México es visto a través de los ojos de los mismos mexicanos. Tienen que darse cuenta de los grandes recursos, tienen que darse cuenta de lo grandioso que es México, de lo grandiosa que es su gente y empezar a hablar con esa convicción.

Ninguna corporación, por grandiosa o grandísima que sea, tiene el impacto, o va a impactar la vida cotidiana de las personas como lo hace el gobierno. Como funcionarios públicos, del servicio civil, o personas electas o personas nombradas por los funcionarios electos, tenemos un deber claro, un deber de hacer lo mejor que nosotros podamos para las personas que están siendo gobernadas por nosotros.

No hay mejor papel que el gobierno pueda jugar que el ser representante de sus gobernados. Si estás en el gobierno y vas a gobernar, o se te ha llamado o se te ha elegido para hacerlo, tienes una responsabilidad enorme de hacer lo mejor para las personas que representas.

Si más personas creyeran en eso, desempeñaríamos mejor nuestro trabajo y el gobierno podría ser mucho más productivo. Porque muchas veces estamos en un lugar con cuatro o cinco y te dicen: "¿Usted dónde trabaja?" "No, pues yo soy abogado en tal firma". "¿Y usted?" "No, pues yo soy vicepresidente en tal compañía". "¿Y usted?" "No pues yo trabajo para el gobierno", y así, casi con pena. Pero el trabajo que hacemos es importante. Yo lo veo desde ese punto de vista, pero soy la eterna optimista.

A los jóvenes mexicanos les digo: "sí se puede". Tú eres más grande que el reto que tienes enfrente. Tienes la capacidad de sobreponerte a ese reto. Mi vida es un ejemplo claro de eso. Si deseas lograr algo, lo vas a lograr. No permitas que nadie te diga que no.

Segundo, les digo que hagan "lo correcto", que no importa si no es lo más popular, y que como jóvenes van a estar muy tentados a irse por la tangente, a ir a correr un camino más corto, a tratar de alguna forma de esquivar una responsabilidad. No lo hagan, no importa qué, no importa cuánto, no importa si no es popular, no importa si te cuesta.

Y tercero, den lo mejor de sí mismos. Cada cosa que haces lleva tu nombre. Si no te puedo confiar las cosas pequeñas, cómo te voy a confiar las grandes. Los jóvenes van a querer hacer las cosas grandes, las cosas importantes. Empieza con lo pequeño, den lo mejor de sí en lo más pequeño y van a demostrar que sí pueden. Cuando tengan una tarea más grande, van a pensar que, habiendo logrado ya la anterior, lógicamente van a poder con la nueva tarea.

En los momentos más difíciles, uno se cuestiona. Hoy en día, cuando me pasan cosas muy difíciles, sé que las cosas suceden como deben suceder. Ahora abrazo lo que me pasa y me echo a correr con ello. Ya no me peleo, ya no me pregunto: "¿Por qué?"

Existe en mí la convicción de que viene algo mejor. No sé qué es, pero es algo mejor. Y será mejor de lo que pienso. Con esa convicción me va mejor, me siento mucho mejor. No me siento atada, no me siento defraudada, no me siento derrotada. Todo lo contrario. Pero tuve que pasar varias situaciones antes de llegar a esto.

MARCEL BIATO

La vida de Marcel Biato está marcada por la diplomacia. Él también ha marcado a la diplomacia y a la política exterior de Brasil, país al que sirve en el ámbito diplomático desde 1981.

Biato estudió en universidades de Brasilia y de Estados Unidos. Tiene una maestría en sociología por la London School of Economics.

Marcel Biato ha representado a Brasil, como oficial en materia política de la embajada de Brasil en Londres; estuvo también en el Consulado General de Brasil en Berlín y se desempeñó como asesor legal de la representación brasileña ante las Naciones Unidas. Realizó una destacada labor como asesor de la representante de Brasil en las negociaciones de paz entre Perú y Ecuador. En el Ministerio de Relaciones Exteriores de su país se ocupó de América Latina y de los asuntos militares.

Desde 2003 hasta 2010, fue asesor del presidente de Brasil en temas de política exterior.

Biato es un prolífico articulista. Ha escrito sobre aspectos políticos de América Latina, política exterior de Brasil y gobernabilidad en general.

Desde febrero de 2010, es el embajador de Brasil en Bolivia.

Sin esperar siquiera la posibilidad de este diálogo, conocí a Marcel Biato en un Encuentro de Liderazgo para la Cohesión Social en América Latina. Lo escuché en la cena de bienvenida y, desde ese instante, me propuse "atraparlo" para que formara parte de este libro.

Con gran disposición de su parte acordamos un encuentro muy temprano. Fue como si el destino nos jugara una broma, pues mientras él me esperaba en el *lobby* de su hotel, yo lo buscaba en e*l* *lobby* de otro hotel de la misma cadena que se encontraba a unas cuadras de distancia. Cuando finalmente llegué con gran apuro al lugar de la cita, nuestra conversación resultó apasionante e ilustrativa.

Con serenidad y con todo el tiempo necesario, fue tejiendo la historia más reciente de Brasil, en la que él fue protagonista como uno de los asesores más cercanos al presidente Lula.

Marcel Biato describe con claridad y confianza los tránsitos clave de la sociedad brasileña, subrayando sus apuestas fundamentales de forma precisa y resaltando las lecciones que, desde su experiencia, se desprenden para toda la región latinoamericana.

Todas las sociedades se desarrollan a partir de una visión, de un optimismo en el potencial económico de su país.

En un proceso que tiene como veinte años, o quizás un poco más, la sociedad brasileña logró, al final del periodo militar, rediscutir las cuestiones centrales. Y se logró consolidar un nuevo pacto social.

El objetivo es que todos los brasileños puedan participar en la prosperidad, que o es colectiva o estaríamos condenados a repetir una experiencia basada en una economía creciente, pero en beneficio de un sector limitado de la población.

Lo indicó muy bien el presidente Fernando Cardoso en su discurso de toma de posesión: "Brasil no es un país pobre, es un país injusto". Con eso señalaba fundamentalmente que lo que faltaba para el avance de Brasil no eran más recursos, era reconocer que la fortaleza del país estaba en su gente y que, fundamentalmente, había que sumar a todos los individuos en este proceso.

Lo que hizo el presidente Lula fue profundizar y darle un sentido radicalmente social a lo que fueron las transformaciones estructurales que hizo el gobierno anterior.

Durante el gobierno de Cardoso se alcanzó un impacto trascendental al combatir la inflación, lo que permitió introducir elementos de planificación preliminares que fueron fundamentales para atacar los problemas en materia de educación y de salud.

En el gobierno de Lula, la tarea fue profundizar la visión de que, para transformar individuos en ciudadanos, primero se ha de pasar por convertirlos en consumidores.

En Brasil, lo absolutamente fundamental fue ampliar los derechos de los ciudadanos, transformar a las personas en ciudadanos, brindándoles derechos de consumidores y haciendo reales esos derechos. Ése fue el sendero principal que transitó Brasil.

Una parte muy importante pasa por reconocer que el mercado y el Estado tienen que trabajar juntos, y no dejarse dominar por una visión simplista o unilateral de que sólo el mercado o sólo el Estado representan la solución. Es indispensable reconocer que se debe trabajar en conjunto.

El gobierno profundizó su compromiso con el combate a la inflación y, al mismo tiempo, subió el presupuesto dirigido a la agenda social. Se aumentaron enormemente las inversiones en las escuelas técnicas, en las universidades. Se incorporó gente que estaba al margen del mercado en las universidades.

Al mismo tiempo, se ampliaron en muy buena medida los recursos financieros al campo.

El impulso al Banco Nacional de Desarrollo Económico y Social significó que el empresario sintió seguridad jurídica, sintió un incentivo financiero. Tal vez igualmente importante, junto con la ampliación del mercado interno, fue la visión de la integración regional como un eje central para la internacionalización de las empresas brasileñas.

En Latinoamérica tenemos el principal mercado de manufacturas. Pensamos que, si logramos ampliar la presencia del empresariado brasileño en la región, esto proporcionará una ventaja enorme al momento de dar un salto aún más ambicioso en lo internacional.

Es una combinación muy positiva, muy saludable: garantías jurídicas, un mercado interno que se amplía, estímulos fiscales y financieros para la ampliación de la producción, y la promoción de un mercado regional y también internacional, como destino para las ganancias en gran escala, basadas en la productividad del empresariado.

Brasil salió del periodo militar a mediados de la década de 1980, con una convicción muy clara de que era necesario refundar el pacto social entre Estado, empresarios y ciudadanía. Se creó lo que entonces llamamos la Constitución Ciudadana. Fue un pacto difícil de concretar. A lo largo de tres años, negociamos un texto que no estableció expectativas.

Pasamos por un periodo de hiperinflación porque se crearon derechos, pero no necesariamente obligaciones.

Tuvimos un largo periodo de ajuste económico en el que Brasil trató de encontrar las soluciones al despilfarro económico con el control de las finanzas públicas, con un banco central que efectivamente controlara el presupuesto, con bancos estatales que tuvieran que adoptar una Ley de Responsabilidad Fiscal de manera que un político no pudiera, al final de su mandato, dejar una deuda para su sucesor. Se trató de un pacto entre la sociedad y el mundo político en el sentido de tener compromisos con el futuro. Con eso se empoderó a la clase consumidora.

Brasil gasta menos de dos por ciento de su producto interno en garantizar a la cuarta parte de la población (once millones de familias) una renta mínima para darles la esperanza de progreso. La gente debía comprometerse a mantener a sus hijos en la escuela —amén de otras condiciones— y recibía atención médica mínima. Esto significó que las personas, efectivamente, pueden tener acceso a un crédito y con eso se puede multiplicar el acceso a los bienes de consumo mínimo.

Con poco dinero, con pocas reformas jurídicas, se ha transformado a la gente que vivía sin condiciones y sin expectativas económicas o políticas, dándole la posibilidad de transformarse en consumidores. Esto es el paso fundamental para que sean ciudadanos.

En las transformaciones importantes está Petrobras. En materia petrolera, lo primero es hacer una apuesta por la tecnología, o sea, agregar valor a nuestros recursos. Esto significa no pensar simplemente que el petróleo es nuestro, como se hizo en Brasil desde los años cincuenta. No basta con decir "es nuestro"; hay que transformar un recurso natural en algo mucho más importante: apalancar el potencial mediante revoluciones tecnológicas.

En el petróleo, Petrobras es una empresa con la tecnología más avanzada en exploraciones profundas.

Porque no nos dejamos paralizar por un falso debate, un falso dilema entre el Estado y lo privado. Los dos ámbitos pueden y deben trabajar juntos. Hay que reconocer que, en países en donde falta educación, salud y capital, el Estado tiene un rol fundamental.

En Brasil, se está invirtiendo en ingenieros, en aeronáutica, en ingenieros de petróleo, desde los años cuarenta. Después de treinta años, tuvimos los beneficios. Esto significa que, en el caso de Petrobras, no padecimos el temor de obligar a una empresa pública a enfrentarse al mercado competitivo. Pensamos que Petrobras tenía el monopolio, tenía las ventajas y lo había demostrado compitiendo a lo largo de los años.

Necesitábamos llevarlo un paso adelante, someter a una empresa estatal a la competencia de mercado. Así se borró el monopolio de Petrobras. Esto no significa sacar a Petrobras de su rol estratégico, sino simplemente obligarlo a competir.

Hubo oposición, hubo controversia, pero Petrobras demostró que puede ser la empresa más competitiva, más eficaz y que, sobre todo, estaba dispuesta a seguir invirtiendo en tecnología.

Hay que superar este falso debate sobre algo que es una riqueza nacional, pero para llegar a transformarla efectivamente en riqueza, hay que agregar tecnología y mercados. Y en esto el Estado puede contribuir invirtiendo en educación, en salud, en investigación científica, lo que no sustituye el rol del mercado en una sociedad moderna, competitiva. No hay que temer a la competencia. Debemos crear las condiciones para que una sociedad pueda competir con eficacia. Creo que ésa es la gran lección de Petrobras.

El presidente Lula representó a un nuevo Brasil de millones de brasileños que ingresaron e ingresan en la clase media.

Los brasileños tenemos muy claro que el país actualiza su potencial no porque el Estado garantice todo, sino porque pudimos superar una historia de injusticia social, de prejuicios sociales, de una presencia débil del Estado.

Son ellos quienes están escribiendo su historia. El Estado tiene un rol clave, pero el Estado no sustituye a sus habitantes como actores políticos.

Si un país como Brasil, con tantas diferencias, pudo transformar la injusticia en diversidad productiva, eficaz, entonces se pueden transformar las injusticias históricas en todo país que aprenda a trabajar la tolerancia para superar las diferencias.

Hay un nuevo orgullo brasileño. El orgullo de que sí podemos transformarnos como sociedad, de que tenemos algo que decir a la comunidad internacional.

Decíamos en Brasil que Dios es brasileño, y muchas veces pensamos que Dios tendría que hacerlo todo. Ahora estamos convencidos de que tenemos un potencial, pero debemos trabajarlo.

Miramos a México un poco como veíamos al Brasil de los años ochenta, es decir, como al país que salió de un proceso político muy duro, de un proceso autoritario, para rediscutir y replantear sus relaciones políticas, y así transformar individuos en consumidores ciudadanos.

Pensamos que en Latinoamérica hace falta un México que pueda ayudar al proceso de integración. Es un proceso que está condenado a no ser, a no concluir, hasta que México redescubra su vocación latinoamericana, su vocación de país que tiene un rol en el proceso sur-sur.

Debemos encontrar la justa medida de cómo ver en Estados Unidos un país con el cual podemos trabajar, pero siempre teniendo presente que nos corresponde a nosotros encontrar las respuestas. No debemos pensar que podemos exportar nuestra pobreza o que podemos resolver las deficiencias estructurales institucionales simplemente importando de manera acrítica modelos externos.

Tenemos que hacer un pacto nacional. Encontrar estas respuestas significa pagar el precio de tener un proceso de desarrollo industrial con un grado de autonomía. Debemos aceptar que hay que invertir duramente en ciencia y tecnología, en educación, para que nuestra población pueda encontrar avance por su propio esfuerzo. No debemos alimentar la ilusión de que otro país puede sustituirnos en las decisiones cruciales domésticas, políticas, económicas y sociales que hemos de abordar para tener nuestro modelo.

Si no soy capaz de dibujar mi propio destino, jamás tendré la autoestima para hacer una apuesta dura, pagar el precio y correr los riesgos necesarios para encontrar respuestas tecnológicas, económicas y políticas verdaderamente nacionales para países que tienen potencial demográfico y cultural.

Brasil y México necesitan superar una larga historia de suspicacia respecto de una falsa rivalidad.

No hay rivalidad entre Brasil y México. Lo que existe es el potencial de ser dos polos absolutamente fundamentales en un mundo multipolar.

Me gustaría que fuera realidad el México de la esperanza. Debe alentarse la vocación de una revolución transformadora para un país con la autoconfianza de reinventarse y participar en la transformación que la globalización nos ofrece, siendo parte del proceso emergente de los países del sur.

Soy muy optimista ante la propuesta, muy ambiciosa, que el presidente Calderón hizo durante el último encuentro presidencial, para que podamos avanzar en un acuerdo de libre comercio que sirva a las reformas para relanzar las relaciones económicas binacionales. Soy muy optimista de que esto podría servir de base para una asociación realmente trascendental.

Brasil identificó un grupo de países que son cruciales en la nueva arquitectura financiera y económica mundial. Pensamos que falta un país que se llama México.

Sentimos que la revolución mental, psicológica, que tuvo lugar en Brasil en los últimos diez años, está pendiente en México.

Y Brasil puede aportar el ejemplo de una sociedad que tuvo la confianza de hacer un pacto social, de decidir un consenso político que le permitió recuperar más que la autoestima. También puede ser ejemplo en el sentido de mostrar que trabajando como sociedad es posible lograr consensos. Ésta es la agenda pendiente en México.

México es un país que tiene un futuro brillante. En su proceso de democratización, que está en curso, tiene la ventana de fantásticas oportunidades que hay que aprovechar.

La democracia depende fundamentalmente de la confianza de la gente en superar diferencias, en construir consensos. Hay que tener esta confianza.

Brasil pasó por una larga crisis económica buscando la respuesta a este dilema de una economía que se había cerrado enormemente frente a la competencia internacional. Se cerró aún más y nuestra respuesta fue equivocada.

Sin embargo, tampoco creo en el otro extremo, en simplemente abrirse de manera acrítica, insensata. Por eso, sinceramente, mucha gente en Brasil tiene una visión crítica del TLC. ¿Cuál es la respuesta? Volvemos al tema del rol del Estado en busca de una respuesta inteligente.

Los incentivos más importantes que el Estado brasileño ha dado al sector empresarial, son financiación pública, inversión en capacitación técnica, seguridad jurídica, apoyo en el proceso de inversión y acceso a mercados. Por su parte, el empresariado ha generado ganancias, ha invertido en aumentar la producción y también en la investigación científica.

Fue fundamental el acceso a Mercosur, el acceso a Sudamérica y Latinoamérica, que sigue representando cincuenta por ciento del mercado para los productos manufactureros brasileños. Hay que hacer una apuesta por el mercado regional y otros mercados en desarrollo, donde nuestras ventajas competitivas y tecnológicas pueden hacerse valer.

Hoy, China nos da la oportunidad de apalancar las ventajas competitivas que tenemos en materia de materias primas, pero no podemos quedarnos en eso. Debemos transformar petróleo en tecnología, transformar la producción agrícola en ingeniería. Tenemos que transformar la caña de azúcar en energía sostenible. Si simplemente nos limitamos a pensar en exportar mineral de hierro a China, esto va a tardar como quince años.

En Petrobras, las dos terceras partes de las utilidades van a un fondo soberano para salud, educación y tecnología. Tenemos que pensar en las próximas generaciones, pues estamos llevando a cabo un pacto intergeneracional. Justo eso simboliza el fondo soberano de Petrobras: invertir en el futuro. No diremos que sin educación no hay oportunidades, sino apostamos a que tu hijo será un consumidor y, por lo tanto, también un ciudadano, un ciudadano más productivo en una sociedad más cohesionada.

El fondo soberano simboliza la negociación que tuvimos con la empresa, que fue durísima, porque mucha gente en Brasil y en el exterior decía que no se podía confiar en el Estado, porque el Estado es corrupto e ineficaz. Pero si nosotros no confiamos que podemos tener un Estado eficaz, un Estado productivo y no corrupto, no lo alcanzaremos jamás.

Hay que hacer este pacto, hay que negociar cada vez más.

Esta obra se terminó de imprimir en noviembre de 2011
en los talleres de Litográfica Ingramex, S.A. de C.V.
Centeno 162-1, Col. Granjas Esmeralda
C.P. 09810 México, D.F.